Groove High

L'école de danse

# Le spectacle continue !

*À M'sieur Çiboulett.*
*V.T.*

*Pour leur aide de toujours, un très très grand merci*
*à Élise et Simon.*
*Special Thanks to Arthur pour sa précieuse contribution*
*aux couleurs ^_^ ! .*
*V.T.*

Amélie Sarn

# Le spectacle continue !

Illustrations de Virgile Trouillot

MILAN
jeunesse

Moi, c'est Zoé. J'ai 14 ans et je réalise mon rêve : aller à Groove High pour devenir chorégraphe !
Vic : ma meilleure amie depuis le CP. Belle, blonde, toujours à la pointe de la mode, elle est en plus super bonne en cours !
Léna : elle est trop cool ! Sportive, rebelle, mais aussi très désordonnée ! Paco, son caméléon catastrophe, est toujours dans ses poches.
Tom : super sympa mais aussi super gaffeur, il est fou amoureux de Vic, qui ne s'intéresse pas du tout à lui.

Ed : un peu froid et mystérieux au premier abord, c'est un garçon hyper gentil et un super bon danseur !
Kim : méchante, vipère et prétentieuse... j'en passe et des meilleures ! bref, une vraie peste !
Luka : le frère chéri de Kim. Un beau gosse de 3$^e$ année persuadé d'être irrésistible. Il m'éneeeerve !
STABLEER

## Chapitre 1

# Examens : J - 5

– Un, deux, un, deux, trois ! Mademoiselle Myer, vous n'êtes pas en rythme ! Deux, trois ! Monsieur Müller, vos pointes ! Elles sont plus molles que des chiffes ! Un peu de tenue ! Mademoiselle Vandenberg, je vous avais demandé d'attacher vos cheveux ! Un, deux, trois, et tous ensemble ! Mademoiselle Brown, vous avez deux temps de retard ! Un, deux, trois, la jambe tendue !

M^lle^ Berrens récite sa litanie de remarques en frappant en rythme le sol avec son bâton. Je n'en peux plus, ça fait cinq fois qu'elle nous fait reprendre la chorégraphie de groupe pour l'examen. Et j'ai l'impression qu'on ne sera jamais prêts !

– Mademoiselle Zoé Myer ! Vous rêvez ! résonne une nouvelle fois la voix tranchante de notre directrice et professeur de danse. Concentrez-vous ! Si vous continuez comme ça, vous ne serez jamais prête !

Qu'est-ce que je disais !

Les deux dernières semaines ont été plus qu'éprouvantes. Et pas seulement parce que Iris Berrens nous tue au travail ! J'ai des milliers d'autres problèmes !

– On arrête !

Notre professeur éteint brusquement la musique.

– Vous n'êtes pas concentrés, pas concentrés du tout ! lance la directrice. Passons à autre chose, que je voie l'avancée de vos chorégraphies personnelles !

Elle agite autoritairement son bâton de rythme et nous dévisage un à un.

Pourvu que ça ne tombe pas sur moi ! Pourvu que ça ne tombe pas sur moi !

– Mademoiselle Solis et monsieur Müller ! En scène ! Allez !

Vic et Tom se regardent en coin. Je me demande où ils en sont. Tout ce que je sais, c'est qu'à leur dernière répétition, ils se sont disputés comme chien et chat ! Depuis que ces deux-là sortent ensemble, ils passent leur temps à se crier dessus et à se réconcilier. C'est franchement usant !

– Allez ! répète Mlle Berrens.

Mes deux amis s'avancent à pas lents au milieu de la salle. Ils ne se jettent même pas un coup d'œil, ce n'est pas très bon signe. Tom lève la tête vers la directrice :

– On n'a pas notre musique...

M^lle^ Berrens hausse les épaules et lâche sèchement :

– Si vous connaissez bien votre chorégraphie, ce que j'espère pour vous, vous n'en avez pas besoin pour me donner une idée de votre travail.

Vic adresse un regard noir à Tom. Elle a horreur des remarques désobligeantes, surtout de la part de la directrice. Malgré tout, elle se met en place. Tom également, de l'autre côté de la salle. Cette fois, ils sont bien obligés de se faire face, ne serait-ce que pour commencer ensemble.

– Un, deux, un, deux, trois... articulent-ils en silence.

Tom a un genou au sol, il courbe la nuque et tend le bras. Vic le rejoint en deux pas chassés virevoltants et légers, elle exécute une pirouette parfaite et tend la main à son tour. Elle lève la jambe droite et s'appuie sur Tom pour...

Oups, Tom n'est pas bien placé, Vic s'élance et... au lieu d'arriver dans ses bras, elle lui marche sur le pied...

– Aïe ! s'écrie Tom.

Vic, déstabilisée, rate complètement son battement frappé et retombe sur les orteils. Ouille ! Ça a dû lui faire mal !

– Tom ! s'écrie-t-elle en reprenant son équilibre. Tu fais n'importe quoi !

– Mais pas du tout, se défend Tom aussitôt, oubliant la chorégraphie et surtout l'œil acéré de Mlle Berrens. C'est toi qui n'étais pas où tu devais être !

– Tu rigoles, s'énerve Vic en haussant le ton. C'est toi qui t'es *encore* trompé ! Tu n'as presque rien à faire dans cette choré et tu trouves encore le moyen de te tromper ! Tu n'es vraiment qu'un...

– Ça suffit !

La voix glaciale de Mlle Berrens cloue le bec de Vic. Tom, lui, rentre la tête dans ses épaules comme une tortue qui a peur que le ciel lui tombe sur la tête ! Les yeux de notre professeur lancent des éclairs.

– Retournez à vos places ! Tout de suite !

Mlle Berrens n'a pas le sourire facile – sauf quand elle discute avec Khan, notre merveilleux professeur de yoga – mais je ne l'ai jamais vue aussi fâchée.

– J'en ai assez vu pour aujourd'hui ! déclare-t-elle, les lèvres pincées. Et je vais en profiter pour vous rappeler quelques points non négligeables.

Elle nous examine sévèrement. Je dois être rouge comme une tomate. Si elle savait que pour ma part, je ne suis même pas aussi prête que Tom et Vic... et loin de là...

– Tout d'abord, reprend-elle, les examens ne se déroulent pas dans deux mois, comme on pourrait le supposer en voyant vos performances, mais à la fin de la semaine...

Mon estomac se noue. À la fin de la semaine…

– D'autre part, des professeurs de l'académie Kauffmann seront présents pour vous juger. Ils ne vous connaissent pas et ne pourront se laisser influencer par une quelconque sympathie qu'ils éprouveraient à votre égard ! Vous devrez donner le meilleur de vous-mêmes !

Mes entrailles se tordent. Philip Kauffmann, le directeur de l'académie Kauffmann – et accessoirement le père d'un de mes meilleurs amis – est mon idole depuis que je sais différencier un saut de deux et un entrechat. Et c'est lui qui assistera au plus grand désastre de ma vie !

– Enfin, conclut impitoyablement M^lle^ Berrens, j'insiste sur ce fait : on ne redouble pas à Groove High ! Si vous échouez à vos examens de fin d'année, vous devrez quitter notre école !

C'est comme si la tour Eiffel venait de me tomber dessus. Les derniers mots de M^lle^ Berrens résonnent à mes oreilles : « Si vous échouez à vos examens, vous serez exclus ! »

Si je dois quitter l'école, ma vie est finie !

– Il vous reste donc quelques jours pour travailler d'arrache-pied et rattraper ce retard ! Ne comptez pas sur un miracle, mais seulement sur vos capacités ! Parce que je crois en vous ! Je sais, moi, de quoi vous êtes capables !

C'est tout Mlle Berrens, ça : elle nous critique sans pitié et termine par des encouragements ! D'un geste, elle nous fait comprendre qu'elle nous rend notre liberté. Tous les élèves se dirigent sans un murmure vers les vestiaires. Habituellement, nous sommes beaucoup plus agités en sortant d'un cours de danse, mais le petit discours de notre directrice a calmé tout le monde.

– Ah ! s'exclame encore Mlle Berrens, avant que nous sortions. Je compte sur vous demain pour accueillir les élèves de la Kauffmann de votre mieux. Je veux que vous donniez la meilleure image possible de notre école !

Tiens, j'avais presque oublié.

C'est vrai que tous nos cours de la matinée ont été annulés en raison de la venue des élèves de la Kauffmann. On doit leur faire visiter notre établissement qui est également leur lieu d'examen. Examen...

J'ai dû me rhabiller à deux à l'heure parce que Vic – qui est toujours la dernière – et Léna m'attendent dans le couloir en compagnie de Tom et Ed. Évidemment, Tom et Vic ont recommencé à se disputer comme des chiffonniers !

– Tu as été vraiment nul, siffle ma blonde amie. Tu nous as ridiculisés devant mademoiselle Berrens !

– Mais je te l'ai dit des tas de fois, se récrie Tom, ce mouvement ne peut pas fonctionner comme ça ! Il faudrait que je sois sur la gauche et que je puisse t'attraper...

– Tais-toi ! s'agace Vic. Tu cherches des excuses à ta maladresse, c'est tout ! Normalement, je devais...

– Vous pouvez arrêter de vous disputer deux minutes ? intervient Léna en levant les yeux au ciel. Juste pour voir comment ça fait ?

Tom rougit jusqu'aux oreilles – Tom rougit pour tout et n'importe quoi ! – et Vic assassine Léna du regard. C'est vrai quoi, pourquoi devrait-elle se priver d'une dispute avec son petit ami ?

Je commence à me demander si nous avons bien fait de les inciter à sortir ensemble !

Heureusement qu'Ed et Léna sont des amis plus reposants. Je n'étais pas convaincue au départ, mais après tout, je crois qu'ils forment une très bonne équipe, tous les deux. Ils sont presque toujours d'accord sur tout et...

– Bon, Léna, on va travailler ? propose soudain Ed. La salle est libre.

Léna le dévisage avec des yeux ronds comme des billes :

– Aller travailler ! Là, maintenant ! Tu es fou ou quoi ? On sort de trois heures de danse ! Moi, je n'ai qu'une envie : aller prendre un chocolat chaud à la cafèt' !

– Quoi ?

La voix de Ed est suraiguë.

– Mais t'es folle, Léna ! Faut qu'on bosse ! On n'a pas le choix ! Tu as entendu comme moi mademoiselle Berrens ! Si on échoue aux examens, on...

– Zoé ! Aide-moi !

Léna se tourne vers moi, implorante.

– Je t'en prie, raisonne-le, explique-lui, toi, qu'on ne peut pas travailler tout le temps !

– Et pendant que tu y es, renchérit Vic, dis à Tom que jamais on n'arrivera à rien s'il ne m'écoute pas un peu plus et s'il...

– Mais oui, c'est ça, l'interrompt Tom, en me prenant le bras, mais n'oublie pas d'informer ta copine que moi aussi, je sais danser et que je pourrais même l'étonner si elle me faisait un peu confiance !

– Zoé, me laisse pas tomber, s'écrie Ed, faut que Léna comprenne que c'est seulement par le travail que...

– ASSEZ ! Assez !

J'ai hurlé ! J'y étais bien obligée pour couvrir leurs cris ! Ils me rendent folle ! Ils ne voient donc pas que moi, je suis vraiment dans les ennuis jusqu'au cou et que leurs petites disputes ne m'intéressent pas !

Je reprends mon bras à Tom qui ne l'avait pas lâché, je tourne les talons et je pars en courant.

## Chapitre 2

# La visite

J'ai pleuré toute seule sur mon lit pendant au moins... cinq minutes. Après, Vic, Tom, Léna et Ed sont venus me retrouver. Tom et Ed ont pris des risques parce que les garçons n'ont absolument pas le droit de se promener dans le dortoir des filles. Il n'aurait pas fallu que Nakamura, notre conseillère d'éducation, leur tombe dessus. Elle les aurait transformés en chair à pâté.

Mais, puisqu'ils sont tous là, j'en profite pour passer mes nerfs sur eux.

– Vous êtes vraiment nuls et vraiment égoïstes ! Vous vous disputez pour vos chorégraphies et pas un d'entre vous ne pense que moi, c'est avec Kim, l'horrible Kim, que je dois présenter l'examen et que cette peste fait comme si je n'existais pas ! À cause d'elle, je vais rater mon année ! Je vais me faire *virer* de Groove High !

Sur ces mots et sous le regard désolé de mes amis, j'éclate de nouveau en sanglots.

Mais Vic secoue la tête.

– À mon avis, Kim ne prendra pas le risque de rater son année...

Je lève la tête.

– Qu'est-ce que tu veux dire ?

– Qu'elle travaille forcément de son côté. Elle a dû préparer sa propre chorégraphie...

Je proteste :

– Mais ce n'est pas possible, Khan et mademoiselle Berrens ont été très clairs sur le sujet : les première année doivent se présenter en binômes !

– Si ça se trouve, réfléchit Tom à voix haute, elle pense réussir à se mettre en valeur toute seule de son côté et elle compte sur l'indulgence du jury...

– Ce serait dangereux, renchérit Ed, mais elle est tellement douée qu'ils ne peuvent pas vraiment se permettre de la mettre à la porte...

– Alors que Zoé... intervient Léna.

Je dresse le menton.

– Quoi, Zoé ?

Léna fait une grimace.

– Ne le prends pas mal, mais je veux dire que tu n'es pas aussi bonne danseuse que Kim, et du coup, le jury ne sera sans doute pas aussi indulgent pour toi…

Je serre les dents. Malheureusement, elle a raison. Je ne peux pas nier l'évidence.

– Kim est vraiment excellente, c'est vrai, déclare Ed, mais la vraie chance de Zoé, c'est qu'elle est super douée pour créer des chorégraphies originales. Dans cette matière, c'est la meilleure des première année. Peut-être même la meilleure de toute l'école !

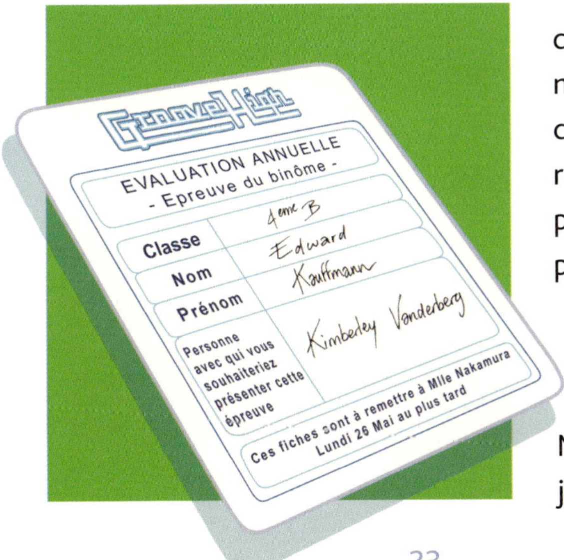


Merci, Ed ! Le compliment me va droit au cœur, mais il ne résout pas mon problème… Et puis, je n'oublie pas la conversation entre Khan et Mlle Berrens que j'avais surprise.

Ed trouve Kim tellement « excellente » qu'il avait demandé à faire équipe avec elle pour les examens ! Je n'en ai jamais parlé à aucun autre membre de la Groove Team !

Tom prend une longue inspiration.

– Tu n'as pas le choix, Zoé. Tu dois réussir à convaincre Kim de travailler sur ta chorégraphie.

Le peu de courage qu'avaient réussi à me redonner mes amis, m'abandonne d'un seul coup. Parce que c'est justement ça, mon problème : comment obliger cette peste de Kim à travailler avec moi ?

– Moi, je sais, s'enflamme Vic. Je vais aller la voir et je vais...

Les sourcils froncés, Vic agite ses poings devant son nez comme pour un combat de boxe. Tom lui jette un regard enamouré, la prend dans ses bras et l'embrasse sur le nez.

– Ah, ma Vic, t'es vraiment trop mignonne !

Vic hausse les épaules et lève les yeux au ciel... mais elle se laisse faire. Dire que le mois dernier, avant qu'ils ne sortent ensemble, Vic prétendait ne pas le supporter !

– Je peux en parler à mon frère, propose Léna. Il pourrait essayer de faire entendre raison à Kim.

Pourquoi pas ? C'est vrai que Yaël sort avec Kim, même s'ils ne se voient pas beaucoup... ça se tente !

– Ça tombe bien, continue Léna, il vient demain avec tous les autres élèves de la Kauffmann.

Je regarde mes amis assis autour de moi. Même si mes problèmes ne sont pas résolus, je me sens mieux tout à coup. Décidément, que ferais-je sans la Groove Team ?

Nous sommes dans le hall d'entrée et nous attendons...

– Les voilà ! murmure Tom en désignant la porte d'entrée du menton.

Léna n'attend même pas qu'ils aient franchi la grande porte vitrée, elle se précipite vers son frère. Kim n'est pas loin derrière elle. Je l'observe du coin de l'œil. C'est dingue : je suis en train de souhaiter de toutes mes forces que cette peste de Kim accepte de travailler avec moi ! Alors que j'ai surtout envie de l'étrangler.

– Bonjour, Zoé.

Je sursaute. Juste à côté de moi, se tient Luka, dit Luka Bogosse. Le frère de Kim !

Aussitôt, je rougis jusqu'aux oreilles et je me maudis intérieurement. J'ai longtemps cru que Luka ne valait pas mieux que sa sœur. Mais à plusieurs reprises, lui et son copain Zach se sont montrés géniaux et dignes de la Groove Team. Je reconnais que je craque un peu pour lui. Et je crois… je crois qu'il m'aime bien. Il m'a dit des trucs… Au départ, c'était un problème parce que Vic voulait sortir avec lui. Pas vraiment parce qu'elle l'aimait mais plutôt parce que c'est le garçon le plus populaire de l'école. Maintenant qu'elle sort avec Tom, je pourrais… je pourrais peut-être… mais je n'oublie pas que Luka est un dragueur. Depuis le début de l'année, il est sorti avec un nombre incalculable de filles ! Et toutes super jolies !

Et puis, pour être honnête, la seule idée de le regarder dans les yeux me donne envie de m'évanouir. Je sais, c'est nul, mais c'est comme ça !

– Ça va ? reprend Luka.

Je hausse les épaules et je marmonne :

– Hmm, ça va.

– Ça se passe bien, tes répétitions avec ma sœur ?

Je me mords la lèvre. Et si je lui demandais à lui, de parler à Kim ?

Non, c'est une très mauvaise idée. Il saurait que je suis une grosse nulle et... du coup, je hoche la tête.

– Oui, ça se passe bien, pas de problème, en fait...

– Eh Luka !

De l'autre côté du hall, une fille sublime avec de longs cheveux châtains à reflets dorés, des jambes immenses et... des seins (moi, j'en ai presque pas ! Bouh !), agite les bras.

– Audrey ! s'exclame Luka.

Il se retourne vers moi et me fait un clin d'œil avant de se pencher à mon oreille :

– Dis, Poil de carotte, ça te dirait de boire un verre avec moi à la cafèt' en fin d'après-midi ?

Je bafouille une réponse inintelligible et Luka s'éloigne en susurrant :

– À tout à l'heure.

Deux secondes et demie après, il est auprès de la fille aux cheveux châtains. Elle est vraiment belle. Et un grand garçon blond la tient amoureusement par la taille.

Mais tout de même, il est hors de question que je retrouve Luka à la cafétéria en fin d'après-midi !

Je soupire. Parfois, la vie est terriblement difficile !

Bon, il faut que je me secoue. Je ne vais pas rester là, les bras ballants et les dents serrées, Mlle Berrens nous a demandé d'être accueillants ! Je me tourne vers Ed pour lui proposer de venir avec moi et je le trouve la bouche ouverte, les yeux fixés sur Léna et Yaël... Je fronce les sourcils. Non, ce n'est pas Léna et son frère qu'il regarde mais Kim. Cette dernière attend que Yaël s'occupe d'elle en battant des cils. Cela dit, Yaël n'a pas l'air très pressé de prendre sa petite amie par la main... et d'ailleurs, qui est la jolie blondinette qui le dévore des yeux, à deux pas derrière lui ?

Je jette un nouveau coup d'œil vers Ed, il est toujours bouche bée. Qu'est-ce qui lui prend ? Je le tire par la manche et c'est comme si je le réveillais.

– Quoi ?

D'un geste, je lui désigne trois élèves de la Kauffmann sur le côté du hall.

– On s'occupe d'eux ?

– D'accord, acquiesce Ed.

Je fais signe à Tom et Vic, qui nous emboîtent le pas.

Ils s'appellent Candice, Quentin et Lambert. On leur a fait visiter toute l'école. Ils ont été drôlement impressionnés. Candice a adoré le parc, surtout quand je lui ai dit que dès qu'il fait beau, c'est là que Khan nous donne les cours de yoga. Trente secondes après, elle a justement aperçu Khan et j'ai bien vu que notre très, très, très beau et adorablement gentil professeur ne la laissait pas indifférente. Ça m'a un peu agacée d'ailleurs. C'est vrai, quoi ! Khan, c'est *notre* prof ! Quentin et Lambert n'ont pas beaucoup parlé. Tom a essayé de les dérider en leur racontant deux ou trois blagues. Rien à faire. Je reconnais que l'humour de Tom n'est pas toujours au top, mais quand même ! Du coup, Vic et lui ont fini par se désintéresser de nos visiteurs et ont passé tout le temps à se faire des bisous et à se murmurer des mots doux à l'oreille. Je ne reconnais plus ma Vic.

Ensuite, nous avons rejoint tout le monde au réfectoire. Un repas spécial avait été préparé pour l'occasion. Dans notre groupe, la conversation se traîne. Et pas que dans le nôtre, apparemment. En réalité, on sent une espèce de tension, presque de méfiance entre les élèves de Groove High et de la Kauffmann. Le moins qu'on puisse dire, c'est qu'on se mélange encore plus mal que de l'huile et du vinaigre !

Seule Kim semble comme un poisson dans l'eau. Étrangement, elle n'est pas avec Yaël qui paraît d'ailleurs l'ignorer (il va falloir que je me renseigne auprès de Léna !), mais avec deux filles et un garçon de la Kauffmann avec qui elle a l'air de très bien s'entendre !

Vic et Tom, de leur côté, sont très occupés : en moins de deux heures, ils ont réussi à se disputer et à se réconcilier trois fois !

Et moi, je regarde tous ces élèves de l'académie Kauffmann qui, dans quelques jours, passeront les examens avec nous !

Des examens pour lesquels je n'ai pas encore commencé à répéter !

## Chapitre 3

# Le taureau par les cornes

L'école semble vide. Après le repas, les élèves de la Kauffmann sont rentrés dans leur établissement. Les professeurs avaient une réunion importante et ils nous ont laissé notre après-midi libre. Avant d'aller travailler, la Groove Team au grand complet s'est retrouvée dans la réserve de la bibliothèque de Mme Genestine, avec du jus de fruits et un paquet de cookies. Léna s'est bien sûr empressée de nous raconter que son frère Yaël s'est montré super distant avec Kim. Elle a bien essayé de lui en parler et de lui poser des questions, mais il s'est à chaque fois contenté de hausser les épaules.

– En fait, il l'a évitée presque toute la matinée. Il a prétexté, étant en deuxième année, ne pas pouvoir rester avec un groupe de première année !

Je réfléchis :

– Ce n'est pas tout à fait faux.

Léna sourit.

– Attends, je connais mon frère ! S'il avait voulu passer du temps avec Kim, il se serait débrouillé ! Non, à mon avis, il y a de l'eau dans le gaz !

Je me sens emplie d'une joie mauvaise. Bien fait pour Kim, tiens !

– Tu crois que ton frère va quitter Kim ? s'enquiert Ed.

Je hausse un sourcil vers lui. Sa question me surprend. Habituellement, les petites histoires de qui sort avec qui ne l'intéressent pas du tout.

– Je ne sais pas, répond Léna. Avec Yaël, on ne peut jamais savoir...

– Moi, ce n'est pas ça que je veux savoir, l'interrompt Vic. Est-ce que ton frère a parlé avec Kim pour Zoé ?

Léna prend un air navré et secoue la tête.

– Eh bien... à vrai dire... non... Mais il m'a promis que... dès qu'il en aurait l'occasion...

Je pousse un profond soupir et je me lève.

– Cette histoire a assez duré !

Les autres me regardent avec des yeux ronds.

– Je vais aller moi-même voir Kim et je vais l'obliger à répéter avec moi !

– Tu n'as pas déjà essayé ? demande Tom, dubitatif.

Je bombe le torse.

– Si, mais cette fois, je ne la laisserai pas me tourner le dos ou m'ignorer ! S'il le faut, je la menacerai ou...

Ed fait la moue.

– J'allais justement te proposer d'y aller pour toi... peut-être que...

Je secoue la tête. Ed est adorable de vouloir se se sacrifier, mais je dois résoudre mon problème seule !

– Peut-être que... insiste Ed.

Mais je ne l'écoute plus, j'ai déjà tourné les talons.

Où trouver Kim ?

Dans sa chambre ? À la cafèt' ? En salle de danse ? (M^lle Berrens a alloué la salle de danse comme salle de répétition pour les première année, les deuxième année sont dans le gymnase, et les troisième année dans l'amphithéâtre) Dans son QG avec ses clones Angie et Clarisse ? (Je parle des toilettes des filles... eh oui, Kim a installé son QG dans les toilettes ! C'est la classe, non ?)

Peu importe, j'irai jusqu'en enfer, s'il le faut !

Commençons par le plus simple : un petit coup d'œil à la cafèt'... Non, elle n'est pas là. En revanche, je vois Angie et Clarisse. Seules. C'est pourtant rare qu'elles ne suivent pas leur chef comme des petits caniches !

À une table au fond, Luka et Zach sont en train de boire un verre. Le rouge me monte aussitôt aux joues. Grrr ! Ça m'énerve !

Peu importe. Réfléchissons, maintenant. Si Angie et Clarisse sont là, c'est que Kim les a jetées. Si Kim les a jetées, c'est pour être seule. Et où va-t-elle en général quand elle est seule ?

Je ne sais pas !

Bon, tant pis, procédons par élimination... Direction la salle de danse ; ensuite, je tenterai sa chambre.

Je remonte le couloir. Une musique me parvient de la salle de danse. Je pousse la porte... Elle est là ! Elle me tourne le dos. Une jambe sur la barre, elle fait des assouplissements. Allons, ce n'est pas le moment de me dégonfler. J'entre. Concentrée par son échauffement, Kim ne m'a pas entendue. Je toussote. Elle sursaute et se retourne. Regard noir. Je m'immobilise.

– Qu'est-ce que tu veux ? siffle-t-elle.

Oui, c'est vrai, elle siffle comme un serpent... Surtout, ne pas se laisser impressionner. Je lance d'une voix ferme :

– Je suis venue te rappeler que nous sommes censées

présenter la partie libre de l'examen ensemble. Je crois que nous devrions répéter.

Les épaules de Kim se sont affaissées, mais très vite, elle se reprend.

– Je n'ai aucune envie de passer mon examen avec toi ! lâche-t-elle.

– Moi non plus, figure-toi ! je rétorque calmement. Le problème, c'est qu'on n'a pas le choix ! Mademoiselle Berrens a été très claire sur ce point.

Kim plisse les paupières. Je dois la convaincre. Je reprends :

– Tu sais à quel point notre directrice est intransigeante. Si elle se rend compte que nous n'avons pas suivi ses directives, elle nous sanctionnera sévèrement.

– Elle ne me virera pas ! s'exclame Kim. Je compte convaincre les examinateurs rien que sur la partie technique, je suis assez bonne pour ça !

Tom avait raison quant au raisonnement de Kim. Mais tout n'est pas perdu. Je décide de tenter le bluff :

– Alors ça, ça m'étonnerait ! Tu n'as pas dû bien lire le règlement : un échec à une partie de l'examen est éliminatoire !

Le visage de Kim se décompose. Je pousse mon avantage.

– C'est logique, après tout. Le but de Groove High est de former des artistes complets.

Et toc ! Les doigts de Kim se serrent sur la barre. Ses jointures blanchissent. Elle fulmine. Je m'empresse d'ajouter :

– J'ai déjà écrit une chorégraphie. Tout ce que tu auras à faire, c'est l'apprendre. Rien de plus facile pour une danseuse de ton niveau !

– D'accord, cède soudain Kim. On va travailler ensemble !

Gagné ! Surtout ne pas sauter de joie ! Et espérer qu'elle n'ira pas se renseigner sur les modalités exactes de l'examen !

– Je vais me mettre en tenue !

Je cours dans les vestiaires et il me faut moins de deux minutes pour prendre mon justaucorps dans mon casier et l'enfiler. Je reviens, le carnet où j'ai noté ma chorégraphie dans une main, mon CD dans l'autre. Je suis très fière de mon idée.

– Alors, qu'est-ce que tu proposes ? me demande sèchement Kim quand j'arrive dans la salle.

Je souris jusqu'aux oreilles. Maintenant que Kim est prête à m'écouter, je suis sûre qu'elle va être super épatée ! Je commence :

– Il y a un film que ma mère adore, ça s'appelle...

– Qu'est-ce que tu veux que ça me fasse, les films que ta mère adore ! m'interrompt Kim d'une voix méprisante.

Je ne relève pas et je continue tout en insérant le disque dans le lecteur.

– Ça s'appelle *Hair*. C'est une comédie musicale qui se passe dans les années soixante et il y a une chanson en particulier qui conviendra parfaitement à ma choré. Écoute.

J'appuie sur « play » et je pose mon carnet. Je me mets en position de départ : jambes écartées, reins cambrés, une main ouverte dans le dos. Bientôt la musique emplit la salle de danse. Je lance en montrant à Kim les premiers mouvements :

– Tu vois, c'est un morceau super dynamique ! On peut vraiment s'amuser ! Il faut que tu imagines une table au milieu de la scène. À un moment, une d'entre nous saute dessus et l'autre la rejoint. Tu vas voir, ça peut être vraiment chouette et original ! Pour les costumes...

Sans cesser de parler, je prends Kim par la main et je l'entraîne avec moi. Elle se laisse plus ou moins faire. Je lui montre quelques mouvements.

– Pour les costumes, on peut aussi super délirer et se coudre des fleurs sur nos justaucorps ! Je te vois bien avec une grande jupe un peu hippie, très fluide et fendue...

Je sens Kim se détendre un peu... Je poursuis :

– Là, c'est le moment où on monte sur la table et on fait comme si on donnait des coups de pied dans les assiettes et les verres et... un final en grand écart, chacune d'un côté !

La musique s'arrête. Hé, on s'est pas mal débrouillées. Je me sens vraiment rassurée. Je me rends compte que ma choré est vraiment sympa et qu'en plus, Kim n'aura aucune difficulté à l'apprendre et à la réaliser. Les yeux brillants, sûre de sa réponse, je lui demande en me redressant :

– Alors qu'est-ce que tu en penses ?

Kim se lève elle aussi. Elle fait la moue et hausse les épaules.

– Hmm, peut-être. En tout cas, c'est un point de départ.

Un point de départ ? Ma choré ! J'y travaille depuis un mois !

– Mais il y a beaucoup de choses à changer, reprend Kim. D'abord, l'idée de la table, c'est vraiment naze !

– Mais, je proteste, c'est ce qui fait toute l'originalité de...

– C'est pas original, c'est naze ! me coupe Kim. Naze et ridicule. Et puis, tu as des mouvements pas du tout académiques, quand tu marches à reculons et que tu te penches en avant...

– Je sais que c'est pas académique ! je m'exclame. C'est un mouvement de salsa. Mademoiselle

Berrens a insisté sur l'appellation de cette partie de l'examen : création libre !

– Libre, ça veut pas dire débile ! argue Kim. Ce mouvement, il est débile et il est hors de question que je danse ce genre de chose !

Cette fois, la moutarde me monte au nez.

– Ah oui ! J'aimerais bien savoir ce que toi, tu es capable de créer comme chorégraphie ! Et si tu ne veux pas danser la mienne, eh bien, tu peux toujours te débrouiller toute seule.

À peine ai-je prononcé ces derniers mots que je les regrette. Kim me transperce de ses yeux noirs.

– Tu sais quoi ? lâche-t-elle. C'est exactement ce que je vais faire !

Je ferme les yeux, atterrée, et quand je les rouvre, c'est pour voir la porte de la salle de danse se refermer violemment.

Je me laisse tomber sur le parquet et j'enfouis ma tête dans mes bras.

Je ne sais pas combien de temps je suis restée comme ça. C'est le bruit de la porte qui s'ouvre qui me fait redresser la tête...

## Chapitre 4

# La déclaration

J'ai espéré un instant que Kim revenait : qu'elle avait changé d'avis et s'était rendu compte que ce serait vraiment horrible de me laisser tomber pour l'examen...

Mais ce n'est pas Kim.

C'est Luka.

Oh non, quelle horreur ! Je suis tout ébouriffée, je dois avoir les yeux gonflés et le nez rouge (oui, je le reconnais, j'ai un peu pleuré...). Mais que vient-il faire là ? S'il cherche sa sœur...

Il s'approche à pas lents en me souriant, sans dire un mot. Il s'agenouille devant moi et pose sa main sur mon genou...

Je sens une boule obstruer mon larynx.

– Je suis vraiment content de te trouver seule, Zoé, murmure-t-il.

– Je... euh...

Les mots restent coincés dans ma gorge.

– Ça fait tellement longtemps que je cherche le moment idéal pour te parler, reprend-il.

Ses yeux si doux (très différents de ceux de sa sœur !) me donnent envie de plonger dedans... Hein ? Quoi ? Qu'est-ce que je dis ? Ça ne va pas, non ? Reprends-toi, Zoé !

– J'ai essayé, tu sais, continue Luka. Plusieurs fois... mais, je ne sais pas... tu es si mystérieuse...

Mystérieuse, moi ? C'est la meilleure de l'année, celle-là !

Luka secoue la tête :

– Tu comprends, habituellement, dès que je fais comprendre à une fille qu'elle me plaît, elle me tombe dans les bras.

Je fronce les sourcils. Luka a dit ça sans prétention, juste pour énoncer un fait. Et je suis bien obligée de reconnaître qu'il dit vrai. Toutes les filles de Groove High qui ne sont pas encore sorties avec lui aimeraient sortir avec lui, ce n'est pas pour rien qu'on le surnomme Luka Bogosse !

– Mais toi, susurre Luka en se penchant vers moi, pourquoi est-ce que tu me fuis tout le temps ? Quand je te regarde, je suis toujours épaté par ton énergie. Tu n'arrêtes jamais de sourire, de rire, de parler mais tu es aussi super sensible. J'ai eu souvent l'occasion de m'en rendre compte cette année. Tu me donnes envie de délirer avec toi et en même temps de te prendre dans mes bras...

Ce n'est pas possible ! Luka est en train de me souffler à l'oreille qu'il a envie de me prendre dans ses bras ! Je dois être en train de rêver, je vais bientôt me réveiller... Discrètement, je me pince le bras. Aïe ! Mais Luka est toujours devant moi.

– Zoé, chuchote-t-il. Poil de carotte...

Il avance son visage, je vois son nez qui s'approche du mien (je dois loucher !), sa bouche qui...

Et soudain, il se lève et, sans me regarder, il tourne les talons et traverse à grands pas la salle de danse. Pour la deuxième fois de la journée, je regarde, bouche bée, la porte se refermer.

Alors là ! Je suis complètement perdue ! Que s'est-il passé ? Deux secondes plus tôt, j'aurais tout donné pour que Luka s'en aille et maintenant qu'il est parti, j'ai l'impression qu'on vient de me couper un bras ! Ces mots qu'il a prononcés, je les ai bien entendus... c'est bien à moi que Luka Bogosse s'adressait ! Comment a-t-il dit : mystérieuse, sensible... Est-ce qu'il se moquait de moi ? Pourtant, son regard, sa main sur mon genou. Un frisson me parcourt la colonne vertébrale. Je...

– Tiens, Zoé ! Justement, on se demandait où tu étais !

Ed, Léna et Zach font irruption dans la salle de danse. C'est incroyable ce soir, tout le monde s'est donné le mot ou quoi ?

Je me passe rapidement la main dans les cheveux pour me recoiffer, je me lève et j'essaie de reprendre contenance. Ils sont tous en tenue de danse.

Ed me regarde en fronçant les sourcils.

– Ça va, Zoé ? Tu n'as pas l'air dans ton assiette… Tu as vu Kim ?

Je hausse les épaules. Si je leur raconte mon entrevue avec Kim, je vais être obligée de repenser à ce désastre et je n'en ai aucune envie. Quant à ce que m'a dit Luka, il est hors de question que je le partage avec qui que ce soit ! Mieux vaut rester évasive…

– Euh… Oui, j'ai vu Kim… mais tout va bien. Pas de problème.

J'accroche un semblant de sourire à mes lèvres. Je vois bien à son air sceptique qu'Ed est rien moins que convaincu. Il faut que j'enchaîne vite si je ne veux pas subir un interrogatoire en règle.

– Vous veniez travailler ? Justement, j'avais fini et j'allais prendre ma douche. Je vous laisse la place.

– Oui, on vient répéter ! s'exclame Léna. Tu sais quoi ? Cet après-midi, mon frère nous a fait entrer en douce dans son école... On a pu regarder certains élèves de la Kauffmann travailler...

Je n'ose pas comprendre.

– Vous voulez dire que vous êtes allés espionner les élèves de la Kauffmann ?

Léna lève les yeux au ciel.

– Tout de suite les grands mots ! On ne les a pas vraiment espionnés, on a juste regardé où ils en étaient et sur quel genre de choré ils travaillent...

Je me tourne vers Zach.

– Tu les as accompagnés ?

Je suis sciée. Zach est un des garçons les plus responsables que je connais. Je ne l'imagine pas du tout se faufiler en douce à l'académie Kauffmann.

– Non, je n'étais pas avec eux, m'explique Zach. Mais en rentrant, ils sont venus me demander un service.

Cette fois, c'est Ed que je regarde. Lui non plus n'est pas du genre à braver un interdit... sauf s'il s'agit de danser et d'être le meilleur !

– En tout cas, reprend Léna sans se laisser démonter par ma désapprobation. On a été drôlement impressionnés, je peux te le dire. Les groupes que nous avons vus sont d'un très, très bon niveau.

– C'est vrai, acquiesce Ed. Ils étaient en même temps très techniques et très originaux. On va devoir se montrer à la hauteur.

À la hauteur... oui, mais comment vais-je pouvoir me montrer à la hauteur si je n'ai pas de partenaire ?

– Du coup, continue Ed en souriant, Léna accepte de travailler un peu plus et de se reposer un peu moins !

– Et Ed accepte mes idées de choré ! ajoute Léna. J'ai pensé que nous pouvions nous appuyer sur des pas de capoeira ! Zach veut bien nous aider ! C'est chouette, non ? Qu'est-ce que t'en penses, Zoé ? Je voulais ton avis, parce que c'est toi que je considère comme la référence en matière de chorégraphie !

Moi ! La référence en matière de chorégraphie. Génial ! Merci du compliment, Léna... Si Kim pouvait penser comme toi...

Je hoche la tête.

– Je pense que c'est une excellente idée. Et vous ne pouvez pas trouver meilleur conseil que Zach !

Zach sourit et couve Léna du regard. Je pense depuis longtemps qu'il est amoureux d'elle... Zach est aussi le meilleur ami de Luka, et rien que d'y penser, mon cœur bat plus fort.

Mais je me sens aussi submergée par un sentiment de panique. L'examen est dans quatre jours et je n'ai toujours pas réussi à convaincre Kim de travailler avec moi !

Il vaut mieux que je sorte, sinon je risque d'éclater en sanglots une nouvelle fois.

Je me dirige vers la porte en marmonnant :

– Super ! Je suis vraiment contente pour vous ! Euh... faut vraiment que j'y aille.

Je pousse la porte de la salle et, cette fois, c'est sur moi qu'elle se referme !

## Chapitre 5

# Sabotage !

Toute la soirée, j'ai essayé de donner le change à mes amis. À chaque fois qu'ils m'ont demandé si j'allais bien, j'ai courageusement répondu que oui, très bien. À chaque fois qu'ils m'ont demandé comment ça s'était passé avec Kim, j'ai héroïquement déclaré que « ça prenait forme ». À chaque fois qu'ils m'ont demandé pourquoi je ne disais rien, j'ai vaillamment et invariablement affirmé que j'étais seulement très fatiguée. Ils ont bien été obligés de s'en contenter !

Et cette nuit, je n'arrive pas à fermer l'œil. Je me tourne et je me retourne dans mon lit, incapable de trouver le sommeil. Que vais-je faire ? Faut-il que je parle de mon problème à M^lle^ Berrens ? Et si elle me répond que je dois apprendre à me débrouiller toute seule ? Elle a tellement insisté sur le fait que

nous devions savoir nous prendre en main et résoudre nous-mêmes nos problèmes... Je pourrais aller voir Khan... Il se montre toujours compréhensif... mais que pourra-t-il faire ? Essayer de raisonner Kim ?... Oui, peut-être... J'aurais dû y penser plus tôt...

Soudain, j'entends un bruit dans la nuit. Comme si les portes du couloir du dortoir battaient. Puis des pas. Je jette un œil vers mon réveil. Une heure et demie du matin. Que se passe-t-il ? Qui peut bien se promener à cette heure ? Des gens chuchotent, se disputent même... Il faut que j'en aie le cœur net.

Je descends de mon lit en silence pour ne pas réveiller Vic et Léna qui dorment d'un sommeil de plomb. Dans le noir, ce n'est pas évident de négocier l'escalier de la mezzanine. Aïe ! Mon doigt de pied ! Je me mords la langue pour ne pas crier. Et je tends l'oreille. Les chuchotis ont cessé. Je traverse la chambre et j'ouvre sans bruit la porte. Je regarde à droite, à gauche... personne !

Ah si, là ! Une silhouette ! Mais il fait trop noir, impossible de savoir qui c'est... et d'ailleurs, elle s'est déjà éclipsée ! En tout cas, je me demande pour quelle raison quelqu'un traîne dans les couloirs au milieu de la nuit. Ce n'est quand même pas Nakamura, notre surveillante générale, qui fait des rondes à cette heure-là !

Je referme la porte et je remonte jusqu'à mon lit.

Vic et Léna ronflent toujours doucement. Je ferme les yeux. Où en étais-je ? Ah oui ! Je pensais à Khan. L'image de notre merveilleux prof de yoga apparaît dans ma tête. Je me sens tout de suite mieux. Oui, bien sûr, j'aurais dû y penser plus tôt. Lui trouvera sûrement la solution à mon problème ! Il saura parler à Kim et elle n'osera jamais se montrer sous un mauvais jour devant lui... Rassérénée, je laisse le sommeil m'envahir peu à peu...

– Léna ! Zoé ! Réveillez-vous ! Viiiiite ! Réveillez-vous !

Je me dresse en sursaut dans mon lit. Vic tout habillée a monté l'escalier de la mezzanine quatre à quatre ! Elle est hystérique.

– Les filles ! C'est dingue ce qui s'est passé ! Incroyable ! Horrible !

Léna se frotte les yeux et bâille bruyamment.

– Quoi ? Ça va pas, non, de nous réveiller comme ça ? Si tu ne nous annonces pas que l'école est en flammes, je ne te le pardonnerai jamais !

– C'est presque ça ! déclare Vic.

Je descends de mon lit.

– Qu'est-ce que tu racontes ?

– Des gens se sont introduits dans l'école cette nuit et ont saboté la salle de danse et les vestiaires !

– Quoi !

Léna et moi avons crié en chœur. Vic reprend à toute vitesse :

– Tom m'a envoyé un texto, ce matin, pour me demander de venir le retrouver...

– Quoi ! l'interrompt Léna, faussement choquée. Tu vas voir Tom en douce dans le dortoir des garçons ! Toi, Vic ! L'élève parfaite !

– Oh, ça va ! rétorque Vic, un peu vexée. En tout cas, ce matin à 7 heures, Jérémy, comme tous les matins, faisait le tour de l'école pour ouvrir les portes et il a découvert que la salle de danse avait été saccagée !

Jérémy est notre surveillant. Il est adorable. Un vrai nounours. Il est effectivement détenteur avec M^lle Nakamura des clés de toutes les salles de l'école et il est chargé chaque soir de les fermer une par une et le matin de les rouvrir.

– Évidemment, il a tout de suite appelé Nakamura qui a prévenu mademoiselle Berrens et Khan, poursuit Vic. C'est la panique totale ! Ensuite, il est

retourné dans le dortoir des garçons et il a tout raconté à ceux qu'il croisait. Tom m'a immédiatement envoyé un texto !

Pendant le rapport de Vic, Léna et moi nous sommes habillées. Tant pis pour la douche ce matin, il faut absolument que nous nous rendions sur place pour aller vérifier par nous-mêmes l'étendue des dégâts.

C'est pire que ce que le récit de Vic avait laissé imaginer. La salle de danse et le vestiaire des première année sont dévastés. Bien sûr, déjà une vingtaine d'élèves ont eu la même réaction que nous et sont agglutinés devant les portes. Jérémy et Nakamura, chacun à sa manière, essaient de les éloigner.

– Allons, demande Jérémy de sa voix douce, ne restez pas là. Ça ne sert à rien. Vous devriez tous être au réfectoire.

Ça n'a bien sûr aucun effet.

– TOUS DEHORS ! IMMÉDIATEMENT ! hurle Nakamura. Si j'en vois encore un traîner dans les parages dans deux secondes, il sera privé de sortie pendant deux semaines !

Personne ne bouge non plus. Il semble échapper à Nakamura qu'à la fin de la semaine... nous sommes en vacances !

Léna, Vic, Tom (qui était déjà là à notre arrivée) et moi nous faufilons entre les autres élèves et le spectacle nous laisse bouche bée.

D'abord, dans le vestiaire, tous les casiers ou presque ont été forcés, des justaucorps et des tutus ont été jetés par terre et piétinés. Je reconnais le collant de Clarisse et là, les guêtres de... Vic ! Elle va être folle de rage ! Léna me tire par la manche pour attirer mon attention. Je tourne la tête et je vois... un tas de chaussons, empilés... et dont tous les rubans ont été coupés. Dans le lot, il y a sûrement les miens et ceux de Léna et de Tom et de Ed, et de tous les autres de la classe.

Dans la salle de danse, c'est encore pire ! Les petits tapis de relaxation ont été lacérés, le miroir est brisé en plusieurs endroits et la barre… sciée !

Khan et M^lle^ Berrens sont au milieu de la salle, atterrés.

Je lève un visage stupéfait et navré vers Léna. Au moment où elle ouvre la bouche, une voix autoritaire s'élève :

– Police, poussez-vous, laissez passer !

Comme par magie, la foule murmurante des élèves s'écarte. Deux policiers en uniforme viennent vers nous à grands pas. La directrice s'approche pour les accueillir.

Les policiers ne sont pas longs à faire évacuer les lieux. Les portes de la salle de danse et celles du vestiaire sont fermées. Dans les couloirs de Groove High, des groupes se forment. Ceux qui ont vu de leurs yeux le désastre racontent à ceux qui viennent d'arriver. Des cris et des exclamations résonnent çà et là. Une rumeur fiévreuse enfle ; les professeurs arrivent à leur tour et se joignent aux élèves. Des questions sont posées, chacun propose une explication qu'un autre aussitôt écarte... Qui est entré dans l'école ? Comment ? Pourquoi ?

Luka et Zach viennent vers nous. Ils sont également accablés. Ils sont à Groove High depuis trois ans et jamais rien d'aussi grave ne s'était produit ! En ce qui me concerne, je fais de mon mieux pour ne pas croiser le regard de Luka. J'ai bien trop peur de m'évanouir sous le coup de l'émotion... Je n'ai pas oublié la pression de sa main sur mon genou, hier... Quand j'y repense, mon cœur se met à danser la salsa !

Il est déjà 9 heures quand M$^{lle}$ Nakamura apparaît et essaie de convaincre tout le monde de retourner en cours. Même les professeurs sont trop bouleversés pour réussir à reprendre le train-train quotidien. Malgré tout, il faut bien faire quelque chose. On va donc en classe.

Pas longtemps.

À 10 h 15, M^lle^ Berrens fait une annonce : tous les élèves et tous les professeurs sont convoqués immédiatement et dans le calme à l'amphithéâtre.

M^lle^ Berrens est sur la scène. Elle a une mine sévère et consternée. À ses côtés, comme d'habitude, se tient Khan.

– Chers élèves et professeurs de Groove High, commence Iris Berrens sombrement, je ne vais pas revenir sur l'état dans lequel nous avons retrouvé ce matin la salle de danse et les vestiaires, je crois que vous êtes tous au courant. Il est également inutile, je crois, que je souligne l'aspect particulièrement grave des actes qui ont été commis. La police est venue, a relevé tous les indices nécessaires et, à partir de maintenant, l'affaire est entre les mains de la justice. Il a été déterminé qu'aucune infraction n'a été commise sur une porte extérieure. Je ne peux croire...

La voix de notre directrice s'est presque éteinte. Elle tousse avant de reprendre plus fort :

– Je ne *veux* pas croire qu'un d'entre vous est mêlé à cet acte sordide ! Pourtant, c'est une éventualité que nous sommes obligés de considérer.

Le silence qui régnait dans la salle se transforme peu à peu en bruissement. M^lle^ Berrens vient d'énoncer à voix haute ce que tout le monde pense tout bas depuis le matin : l'un d'entre nous est-il mêlé à ce sabotage ignoble ?

– Quoi qu'il en soit, continue M^lle^ Berrens, il est évident que les première année ne peuvent plus répéter dans la salle de danse jusqu'à nouvel ordre. Les troisième année seront donc priés de leur faire une place ici même. Les dates d'examen restent inchangées et j'attends de vous du travail et de la concentration. Un danseur professionnel doit être capable de donner le meilleur de lui-même dans n'importe quelles conditions ! Vous pouvez disposer !

Les trois derniers mots de M^lle^ Berrens ont claqué comme un coup de fouet. Je m'apprête à me lever quand Khan prend la parole :

– Bien entendu, nous allons procéder à un inventaire de tous vos effets personnels endommagés et l'assurance de l'école les remboursera. Dès demain, toutes les pointes seront remplacées, nous avons déjà passé la commande.

C'est vrai ça, je n'y avais pas réfléchi. Comment passer l'examen sans nos pointes ? Heureusement, comme d'habitude, Khan pense à tout.

Alors que les élèves de Groove High sortent de l'amphithéâtre, les suppositions vont bon train ; tout le monde se prend pour Sherlock Holmes. Non loin de moi, des élèves de deuxième année chuchotent, jetant vers nous des regards torves. Je tends l'oreille... Leur théorie est abominable : et si c'étaient les première année qui, tous ensemble, avaient mis ce plan au point en espérant gagner du temps pour retarder les dates d'examen ? C'est vrai, pour quelle autre raison se serait-on amusé à couper les rubans des chaussons ? Oui, sûrement les première année sont responsables...

Je m'éloigne, je ne veux pas en entendre plus. J'ai besoin de quelques instants de calme pour réfléchir. Quelque chose me tracasse... quelque chose que j'ai oublié... un événement qui pourrait avoir un rapport avec le saccage de la salle de danse... mais j'ai la tête tout embrouillée... Je ne sais plus où j'en suis...

Je m'engouffre dans les toilettes des filles les plus proches.

Je m'approche des lavabos et... j'entends un bruit.

Des reniflements... des sanglots...

Quelqu'un pleure là-dedans... je me penche pour regarder sous la porte et je reconnais aussitôt les chaussures de... Kim !

Mais pourquoi la reine des pestes est-elle en train de pleurer dans les toilettes ?

## Chapitre 6

# Potiche à lunettes

Je suis sortie sans bruit des toilettes pour aller raconter ma découverte aux membres de la Groove Team. Voir, ou du moins, entendre Kim pleurer est un événement en soi.

Quand j'arrive, Léna est en train de refermer son portable. Avant que j'aie eu le temps d'ouvrir la bouche, elle déclare :

– J'ai appelé mon frère pour lui raconter ce qui venait de se passer à Groove High, il m'a annoncé qu'il le savait déjà !

– Comment ? s'exclame Tom. Il a des informations ?

Léna secoue la tête.

– Non, c'est juste qu'il venait de téléphoner à Kim. Elle lui a raconté.

Léna ménage une pause avant d'ajouter :

– En fait, il l'appelait pour la larguer. Il a rencontré une autre fille. Vous vous souvenez de la petite blonde qui était avec lui, la dernière fois ?

Je hoche la tête. Du coup, le désespoir de Kim s'explique. J'ai beau la détester pour tout ce qu'elle nous a fait et pour son refus de travailler avec moi, je ne peux m'empêcher de la plaindre sincèrement. Ses pleurs étaient tellement déchirants. La sorcière Kim aurait-elle un cœur ?

Kim n'est pas apparue au réfectoire. Angie et Clarisse ont mangé seules. Elles avaient l'air perdues sans leur chef. Pendant le repas, Vic et Tom nous ont demandé à tous d'assister à leur répétition.

Les troisième année ont, comme le leur a ordonné M^lle^ Berrens, aménagé une place pour les première année dans l'amphithéâtre. Ils ont séparé la scène en deux et déménagé la moitié des loges. Nous y avons donc apporté nos affaires. Quand nous avons commencé à faire chacun de notre côté l'inventaire de ce que nous avions l'habitude de laisser dans les casiers des vestiaires, Vic, comme prévu, a commencé à se lamenter sur son justaucorps, ses collants, ses guêtres et le reste. Et puis, Tom lui a rappelé que tout serait remboursé. Elle pourrait donc se racheter ce qu'elle avait perdu. Vic adore faire les boutiques. Du coup, l'idée l'a mise d'excellente humeur.

Ed, Léna et moi laissons Tom et Vic finir de se préparer et nous nous installons dans les fauteuils rouges de l'amphithéâtre. Même de là, on les entend arriver dans les coulisses en se disputant à mi-voix. Je n'ai aucune idée de leur choré. Aucun des deux n'a voulu nous en parler. « On préfère vous laisser découvrir ! » a déclaré Vic. Au moment où ils lancent leur musique – une musique électronique étonnante –, je sens un mouvement dans le fauteuil derrière moi. Je me retourne... Zach et Luka. Ce dernier m'adresse un clin d'œil et un sourire, avant de murmurer à mon oreille :

– Tu connais le groupe qu'ils ont choisi ? C'est Polysics, ils sont japonais ! J'adore !

Moi, comme vous vous en doutez, je deviens aussi rouge que le velours des fauteuils. Léna me donne un coup de coude.

– Concentre-toi, me souffle-t-elle.

Tom entre sur scène. Son costume est génial : pantalon de danse bariolé, chemise à volants et grosses lunettes de soleil carrées. Vic entre à son tour en bustier, jupe à jupons empesés genre années soixante et lunettes de soleil. La musique est à la fois répétitive et entraînante. On se laisse très vite emporter par la chorégraphie saccadée et moderne. Vic est géniale, elle fait penser à une poupée mécanique déréglée et devenue folle, qui, petit à petit, se calme et se transforme en poupée de chiffon. C'est excellent !

Oui, vraiment excellent, mais...

Quand la musique s'arrête, nous applaudissons. C'est vrai, la chorégraphie est très bonne, la performance de Vic aussi...

– Le problème, c'est que Tom ne fait rien du tout ! s'exclame Léna à voix basse.

Elle a parfaitement raison. Pendant toute la présentation, Tom s'est contenté de se tenir au milieu de la scène et d'exécuter quelques pas basiques et sans intérêt. Vic aurait été seule sur scène, ça n'aurait rien changé.

Léna se trémousse sur son siège, Ed me lance un regard interrogateur, dont je comprends aussitôt la signification : « Alors, qu'est-ce qu'on leur dit ? »

D'ailleurs, sur scène, Vic attend elle aussi notre verdict.

Aïe, aïe, aïe ! Je crains le pire. Je connais Vic depuis qu'elle est toute petite. Si elle nous a demandé notre avis, c'est qu'elle s'attend à ce que nous soyons émerveillés. Elle n'a jamais bien supporté les critiques, même les plus constructives… Si l'un d'entre nous commence à lui dire : « Oui, c'est très bien, mais tu as un peu oublié Tom », on va droit au conflit diplomatique. Il faut essayer de trouver une formule pour ne pas trop la brusquer…

– C'est très bien, lance Luka tout à coup. C'est chouette, moderne, sympa, original…

À chaque nouveau compliment, le sourire de Vic s'élargit…

– Mais franchement, Vic, termine Luka, tu tires toute la couverture à toi ! On se demande ce que Tom fait là ! Fallait le dire si tu voulais danser toute seule !

Je me mords la lèvre. Quand je pense que je cherchais une façon douce de faire passer l'idée...

Les yeux de Vic lancent des éclairs. Derrière elle, Tom lève les bras en l'air :

– Ah ! Tu vois, je te l'avais dit ! J'ai exactement la même impression ! Dans ta choré, je suis aussi utile qu'une potiche à lunettes !

– C'est faux ! C'est archifaux ! s'écrie Vic, super vexée. Elle est parfaite, cette choré ! J'ai laissé plein de place à Tom : c'est lui qui a créé les costumes et qui a choisi la musique, et puis il...

Vic se tait, à court d'arguments.

Luka sourit :

– Oui, c'est bien ce que je disais, sur scène, il ne fait rien du tout ! Tu parles d'un travail d'équipe !

– Pffff !

C'est tout ce que Vic trouve à répondre. Elle qui, habituellement, est la reine de la repartie ! Et sur ce, elle tourne les talons et s'engouffre dans les coulisses.

Je me tourne vers Luka et je lève les yeux au ciel. Il a l'air navré.

– Euh... désolé, marmonne-t-il, j'avais oublié qu'elle était aussi susceptible...

Je me lève et je pars à grands pas retrouver Vic dans les loges.

Vic est en face d'un miroir en train de se démaquiller rageusement. Je m'assois sans un mot à côté d'elle. Vic attrape la brosse et entreprend de se coiffer à grands gestes. J'espère que ses cheveux sont solides. Au bout de quelques secondes, elle commence :

– Luka n'a vraiment rien compris. Elle est très bien, cette chorégraphie ! Je ne veux rien y toucher ! C'est parfait comme ça.

Je ne fais aucun commentaire. Je veux la laisser venir. Je n'ai pas à attendre très longtemps...

– C'est vrai, quoi ! Elle est vraiment bien, cette choré ! Hein, dis, Zoé ? Qu'est-ce que t'en penses, toi ?

Je soupire.

– Tu sais très bien ce que j'en pense, Vic. Luka a raison...

Vic s'immobilise. J'ai joué le tout pour le tout. Soit elle s'énerve et me demande de sortir, soit...

– J'espérais que ça ne se verrait pas trop, murmure-t-elle. J'espérais qu'on ne remarquerait pas que Tom ne fait presque rien...

Elle se tourne vers moi, la mine penaude.

– Tu me comprends, toi, Zoé, tu sais que Tom n'est pas à la hauteur techniquement...

Je secoue la tête :

– Vic ! Tu n'es pas honnête ! Ni avec lui, ni avec toi-même ! D'une part, Tom est capable du meilleur à condition qu'on lui fasse confiance. Tu ne lui rends pas service en l'effaçant du spectacle, tu ne lui permets pas de s'améliorer, ni de te prouver à toi et aux autres de quoi il est capable... et puis, avoue-le, tu as peur pour ta note à toi et c'est pour ça que tu l'as mis au rebut...

Vic pose sa brosse sur la tablette. Je vois bien qu'elle est très agacée.

– Ça m'énerve, râle-t-elle. Ça m'énerve que tu me connaisses aussi bien !

Je souris. Sacrée Vic. Je pose mes deux mains sur ses épaules.

– Et souviens-toi, tu le trouvais gamin et inintéressant il y a seulement quelques semaines. Depuis, tu lui as laissé sa chance et il a réussi à te convaincre qu'il n'était pas si mal...

Vic tripote sa mèche de cheveux comme elle le fait toujours quand elle est gênée.

– Oui, bon, c'est vrai ! lâche-t-elle. Alors, c'est d'accord ! Je vais revoir la choré !

Gagné ! Mission accomplie ! Pourquoi est-ce que je ne suis pas aussi douée pour résoudre mes problèmes à moi !

KAROTT COFFEE
CHOCOLAT CHAUD - THE - CAFE
1 - INTRODUIRE UNE PIECE
2 - FAITRE VOTRE CHOIX
3 - DEGUSTEZ !!!

Chapitre
7

# Interrogatoire et aveux

L'ambiance à Groove High est des plus étranges. La police a délimité la zone du vestiaire et de la salle de danse par un ruban. Comme dans les films. M$^{lle}$ Nakamura a prévenu tous les élèves qu'ils seraient convoqués individuellement par le lieutenant de police chargé de l'affaire. Évidemment, dans les couloirs, on ne parle que de ça. Il y a ceux qui ont déjà été interrogés et les autres. Bien sûr, les théories les plus farfelues sont avancées... La dernière en date : des extraterrestres sont responsables du sabotage !

Bah, pourquoi pas ?

Moi, un détail continue à me tracasser. J'ai la très désagréable impression d'oublier quelque chose de terriblement important. Mais quoi ?... Et puis, dans ma tête, tout se mélange : les examens, Kim qui refuse de travailler avec moi et qui pleure dans les toilettes, Luka...

Pour le moment, je suis à la cafèt' avec Léna, Vic et Tom. Nous attendons le retour de Ed qui est avec le policier. Nous sommes assez nerveux. Enfin, pour être tout à fait exact, Léna et moi sommes assez nerveuses. Tom et Vic, eux, n'arrêtent pas de se faire des mamours. J'ignore ce qui s'est passé entre eux après ma petite discussion avec Vic, mais ils ont disparu un bon moment. Je sais qu'ils ont passé du temps dans l'amphi, sans doute à travailler.

– Zoé !

C'est Ed qui vient d'arriver. Il s'assoit à notre table.

– Zoé, c'est ton tour. Le policier m'a dit de te prévenir.

Je me lève.

– Est-ce que tu as appris quelque chose ? lui demande Léna.

Ed secoue la tête.

– Non, le policier m'a posé beaucoup de questions mais il n'a voulu me donner aucune information...

J'ai un poids au creux du ventre. Comme si j'étais coupable de quelque chose. Peut-être est-ce seulement ce souvenir qui ne veut pas remonter à la surface de ma mémoire...

Je frappe à la porte du bureau de Pétula Anderson, la secrétaire d'Iris Berrens. C'est là que le policier s'est installé pour interroger les élèves.

Une grosse voix me répond d'entrer. Je pousse la porte. Le lieutenant est en train de relire ses notes. C'est étrange de le voir là. Le surnom de Pétula Anderson est Grand-Mère. On l'appelle comme ça parce qu'elle a des cheveux blancs et aussi parce qu'elle est toujours adorable avec nous. Souvent elle s'inquiète pour nous. D'après elle, on travaille trop et on n'a pas assez de temps pour s'amuser. Elle n'hésite jamais à nous couvrir quand Nakamura nous tombe dessus pour un retard ou quoi que ce soit d'autre et elle a toujours un bonbon à nous glisser dans la main ou dans la poche.

Ça m'étonnerait que ce bonhomme chauve aux sourcils broussailleux en fasse autant.

– Assieds-toi, bougonne-t-il.

J'ai dû voir trop de films. Je ne peux pas m'empêcher de l'imaginer en train de me braquer une lampe sur le visage pour m'interroger... Mais non, il lève les yeux et me salue d'un petit signe de tête.

– Zoé Myer ? Tu es en première année ?

J'acquiesce.

– As-tu vu ou entendu quelque chose de particulier le soir où s'est déroulé le saccage ?

Encore cette impression d'oublier quelque chose d'important...

– Ou durant la nuit ? ajoute le lieutenant.

La nuit... tout à coup, ça me revient !

– Oui ! je m'exclame. Oui, durant la nuit ! Je n'arrivais pas à dormir et j'ai entendu du bruit. Je me suis levée et...

Le policier a haussé un de ses énormes sourcils.

– J'imagine que ta chambre se trouve dans le dortoir des filles ?

– Oui.

– Pourtant, le dortoir n'est pas tout près de la salle de danse. Il est peu probable que tu aies pu entendre la mise à sac.

C'est vrai, je n'y avais pas pensé. Alors sans doute que ça n'avait rien à voir...

– Nous avons relevé des traces de pas à l'extérieur de l'école, continue le lieutenant. Elles indiquent que les coupables sont venus *et* repartis.

Je hoche la tête. Au moins, ça semble indiquer que les élèves de Groove High ne sont pas impliqués. Je préfère ça… mais… il y a cette silhouette aperçue dans le couloir… et si une élève de Groove High avait participé… mais qui ? Et dois-je en parler au policier ? Du coup, les soupçons risquent de se reporter sur tous les élèves et la réputation de l'école pourrait en pâtir… celle de M^lle^ Berrens par la même occasion… Ce serait affreux et injuste ! Et si du coup, l'école fermait… Je ne sais pas quoi faire. Je suis perdue. Le mieux est d'en discuter avec la Groove Team. Eux sauront me conseiller !

– As-tu autre chose à signaler ? me demande le policier.

Je secoue la tête. Après tout, il sera toujours temps de revenir le voir…

– Euh… non.

– Très bien. Je vais faire une pause maintenant, mais demande à…

Le lieutenant consulte la liste posée sur le bureau de Grand-Mère.

– … Kimberley Vandenberg de me retrouver ici à 14 h 30. Tu la connais ?

– Oui.

– Tu peux y aller.

Je sors du bureau en évitant le regard du policier. Avant toute chose, je dois trouver la Groove Team !

Je marche à grandes enjambées dans le couloir de l'administration, mais dès que je l'ai quitté, je me mets à courir. Maintenant que je me rappelle ce que j'ai vu dans le couloir cette nuit-là, je ressens l'urgence d'en faire part à mes amis. Je tourne à gauche vers la cafèt' et… je me cogne violemment dans quelqu'un.

Si violemment que j'en tombe les fesses par terre. Un peu sonnée, je lève la tête… Kim.

Elle est devant moi, l'air abasourdi, les yeux gonflés et les cheveux dans les yeux. Je me relève. Elle s'apprête à me contourner, la tête haute, le menton en avant. Elle m'énerve ! Je sais qu'elle vient de se faire larguer ! Je sais qu'elle est super triste ! Mais elle m'énerve quand même ! D'ailleurs, je vais en profiter pour lui passer le message du policier. Ça lui fera les pieds !

– Tiens, Kim ! je lance. Je viens d'être interrogée par le lieutenant à propos du carnage dans la salle de danse et…

Je rêve, ou elle vient de blêmir ?

– … et il veut te voir !

Non, je ne rêve pas, elle est plus blanche que le tutu d'une danseuse du *Lac des cygnes* !

– Pourquoi moi ? s'écrie-t-elle.

Je hausse un sourcil et je prononce lentement (je sais, ce n'est pas très charitable de se réjouir de la détresse de quelqu'un, mais bon, c'est Kim !) :

– Pourquoi toi ?… Je ne sais pas… peut-être qu'il te… soupçonne… il m'a dit que…

Mais je ne termine pas ma phrase. Les épaules de Kim se sont affaissées et son menton, habituellement si hautain, se met à trembler ; ses yeux s'emplissent de larmes... et elle me tombe dans les bras.

Je ne sais d'ailleurs pas très bien quoi faire avec ma pire ennemie contre moi.

Elle sanglote à fendre l'âme. J'ai l'impression qu'elle ne va jamais s'arrêter. Mon intuition me souffle que Yaël, le frère de Léna, n'est pas la seule raison de ce chagrin !

Je l'entraîne vers un banc du hall, je la force à s'asseoir et à me lâcher un peu. Elle va tremper mon top !

Je soupire :

– Bon, qu'est-ce qui t'arrive, Kim ? C'est quoi, ton problème ?

Je ne suis pas super aimable mais, comme je le disais tout à l'heure, après tout, il s'agit de Kim ! Ma voix tranchante stoppe ses pleurs. Elle essaie de reprendre contenance et me dévisage avec dédain.

– Rien ! En tout cas, rien que tu aies besoin de savoir, lâche-t-elle entre deux hoquets.

Évidemment, maintenant, je suis dévorée de curiosité. Mais hors de question de la supplier. Je hausse les épaules et je me lève.

– Très bien ! De toute façon, ça ne m'intéresse pas ! Je demandais juste au cas où la Groove Team aurait pu te donner un coup de main !

La Groove Team ! Donner un coup de main à Kim ! Oui, je sais, c'est déjà arrivé, mais c'était à chaque fois dans des situations extrêmes !

Kim hésite. Je tourne les talons et je m'éloigne non sans ajouter par-dessus mon épaule :

– Ah oui, pour le policier, c'est à 14 h 30, dans le bureau de mademoiselle Anderson. Ne sois pas en retard !

Je fais un pas, deux pas, trois pas, qu...

– Zoé !

Et voilà !

Je me retourne et Kim a perdu toute son arrogance.

– Zoé, répète-t-elle. Je... j'ai vraiment besoin de l'aide de la Groove Team !

## Chapitre 8

# Grave décision

Je m'assois à côté de Kim. Elle regarde le sol et elle commence son histoire d'une voix chevrotante :

– Je... quand les élèves de la Kauffmann sont venus mardi dernier, j'ai bien vu que Yaël essayait de m'éviter. Et puis, j'ai remarqué cette fille qui ne le quittait pas des yeux. De toute façon, ça faisait plusieurs jours qu'il ne répondait plus à mes coups de téléphone et à mes SMS. Je me doutais qu'il avait décidé de me quitter... mais j'espérais qu'en me retrouvant, il changerait d'avis... Ça a été tout le contraire. J'étais très en colère. Et puis, il y avait aussi cette décision de mademoiselle Berrens qui exigeait que je danse avec toi et je trouvais ça très injuste. Tu comprends, je veux danser seule ! Je veux être la meilleure ! Je ne veux pas qu'on me fasse de l'ombre !

Kim garde les yeux fixés sur le sol du hall. Je pense à Vic, ma meilleure amie. Elle aurait pu prononcer exactement les mêmes mots.

– Tu es très forte en chorégraphie, reprend Kim. Tu as beaucoup d'imagination et tu sais créer de magnifiques enchaînements. J'avais peur de te devoir ma réussite à l'examen !

C'est la meilleure, celle-là. Et moi qui croyais qu'elle refusait de danser avec moi parce qu'elle ne me trouvait pas assez bonne !

– Et puis, continue Kim, il y a aussi que techniquement... tu n'es pas tout à fait à la hauteur et... je me sentais humiliée de faire équipe avec toi.

Ah ! D'accord ! Je me disais aussi ! Mais une fois de plus, je pense à Vic. N'est-ce pas précisément ce qu'elle me disait de Tom, hier encore ? Kim poursuit :

– En tout cas, j'étais furieuse après tout le monde, Yaël, Groove High, mademoiselle Berrens, toi, les autres élèves, tout le monde et quand Carolyne, Louis et Zoléna m'ont parlé de leur plan, j'ai...

Kim prend une grande inspiration avant de terminer sa phrase.

– J'ai accepté.

Je me tais. Je n'ose pas comprendre ce que Kim est sur le point de m'avouer.

– Nous nous étions donné rendez-vous sous les fenêtres de la cafétéria. Je leur ai ouvert et je les ai aidés à entrer. Je les ai guidés dans le noir jusqu'à la salle de danse. J'ai fait des doubles des clés depuis longtemps. C'est si facile d'« emprunter » son trousseau à Jérémy ! Au départ, il était juste prévu de

vider les casiers et de jeter les tutus, les collants, les justaucorps et les chaussons dans la salle de danse, c'est tout. Mais Carolyne, Louis et Zoléna avaient d'autres intentions. Ils avaient décidé de tout casser afin de nous empêcher de répéter. Ils ont immédiatement commencé à détruire ce qui leur tombait sous la main et j'ai vraiment essayé de les arrêter !

Kim lève les yeux vers moi.

– Je te jure que c'est vrai, Zoé ! J'ai réellement essayé. Je ne pensais pas qu'ils détruiraient la salle de danse, je ne savais pas qu'ils voulaient casser les miroirs, scier la barre, couper les rubans des chaussons ! Mais ils ne m'écoutaient plus, ils étaient comme fous !

Je plonge mon regard dans celui de Kim. Étrangement, je la crois. Je l'imagine très bien, dépassée par les événements, tentant de retenir en vain ces trois vandales.

– J'étais complètement paniquée, s'exclame-t-elle. J'ai bien sûr pensé à prévenir Jérémy ou mademoiselle Nakamura, mais j'étais là moi aussi, et j'étais... complice. Alors j'ai eu peur. Je suis partie dans le dortoir des filles et Zoléna m'a suivie. Elle craignait sans doute que je donne l'alerte. Elle m'a menacée, elle allait me frapper quand on a entendu un bruit... une porte qui s'ouvrait. On a vu quelqu'un s'avancer dans le couloir, du coup, Zoléna a fui. Je me suis réfugiée dans ma chambre. Depuis, je ne sais pas quoi faire. Je me sens tellement minable ! Je sais que je devrais aller me dénoncer, mais...

Kim éclate de nouveau en sanglots. Et moi, je comprends tout ! Cette fois, les pièces du puzzle sont en place. C'est moi qui ai fait fuir cette Zoléna ! Et c'est Kim que j'ai aperçue dans le couloir !

Je réfléchis à toute vitesse. Que faire ? Dénoncer Kim et ses amis ? Prendre en compte le fait que Kim regrette ses actes ? La croire quand elle jure qu'elle ne savait pas ce que les autres avaient réellement prévu ?

Je me lève brusquement et je fais signe à Kim de me suivre. Elle obéit.

J'ai demandé une réunion spéciale dans notre repaire. Cette fois, pas de jus de fruits, ni de cookies ! J'expose rapidement mais en détail les faits à la Groove Team. Tous m'écoutent en silence. Kim est assise devant eux, les yeux baissés.

Je conclus :

– Voilà, vous savez tout et j'ai besoin de votre aide pour prendre une décision.

Léna, Ed, Vic et Tom se regardent. Léna prend la parole la première :

– Pour moi, c'est clair. Kim a commis un acte très grave ! Elle s'est déshonorée et a déshonoré notre école ! Elle doit être punie ! Elle doit aller se dénoncer et si elle refuse, c'est nous qui le ferons pour elle !

– Je suis parfaitement d'accord ! lance Vic. Un tel acte ne peut pas rester impuni ! Il faut la livrer à mademoiselle Berrens ainsi que ses complices au plus vite !

J'interroge Tom du regard. Il hausse les épaules et commence d'une voix hésitante :

– Je... je ne sais pas. C'est mal ce que Kim a fait, mais... je ne crois pas qu'elle mérite d'être vraiment punie, cette fois. Sauf que je suis incapable d'expliquer pourquoi !

Avant que je me sois tournée vers lui, Ed prend la parole avec une véhémence qui me surprend.

– Moi je pense comme Tom, mais je sais pourquoi ! s'exclame-t-il. C'est vrai que Kim nous a créé beaucoup de problèmes cette année et je suis d'accord pour reconnaître que ce qu'elle a fait est très mal, mais... elle s'est aussi fait avoir par les élèves de la Kauffmann et elle regrette de les avoir aidés. Elle a même essayé de les empêcher de tout casser !

– Si ce qu'elle nous dit est vrai ! le coupe Vic.

– Moi, j'ai envie de la croire ! s'écrie Ed. On doit lui laisser une chance ! C'est une danseuse extraordinaire et on ne doit pas...

Trois coups nous font tous sursauter. Surtout Kim ! La porte de la réserve s'ouvre sur... Luka et Zach !

– La police a retrouvé les coupables ! annonce Luka, les yeux brillants. Mademoiselle Berrens convoque tout le monde pour une réunion extraordinaire !

Nous revoilà pour la deuxième fois de la semaine dans le grand amphithéâtre. M^lle^ Berrens est sur le point de prendre la parole. Kim est assise entre Ed et moi et je la sens trembler.

– Jeunes gens, la police vient de m'annoncer que trois élèves de l'académie Kauffmann ont été arrêtés. Ils s'étaient livrés dans leur propre établissement aux mêmes actes répréhensibles qu'à Groove High. Ils ont été pris sur le fait et ont avoué ! J'ai tenu à vous annoncer cette nouvelle au plus tôt, afin de vous soulager de la tension qui règne à l'école depuis deux jours. D'après le premier interrogatoire, leur but était de déstabiliser les autres élèves pour l'examen qui a lieu à la fin de cette semaine ! Autant ceux de notre école que ceux de la Kauffmann ! Ils pensaient sans doute que leur médiocrité passerait inaperçue s'ils empêchaient les autres de travailler correctement ! Ils seront évidemment renvoyés de leur école et poursuivis par la justice ! Quoi qu'il en soit...

Jérémy vient de monter rejoindre M$^{lle}$ Berrens et lui parle à voix basse. La directrice fronce les sourcils. Jérémy redescend de la scène.

– Jeunes gens, reprend Iris Berrens d'une voix un peu tendue, il semblerait que la police ait obtenu de nouvelles informations et désire me rencontrer. Je vous laisse donc et je ne peux que vous répéter une fois de plus de travailler de votre mieux !

Nous sortons de l'amphithéâtre avec les autres élèves. Kim est toujours avec nous. D'ailleurs Clarisse et Angie, qui habituellement la suivent partout, nous lancent des regards torves. Je commence à me dire que nous n'avons toujours pas résolu notre problème concernant le sort de Kim, quand Jérémy s'approche de nous. Mais c'est justement à Kim qu'il veut parler.

– Kim, mademoiselle Berrens demande à ce que tu la rejoignes dans son bureau.

Jérémy est grave. Je ne l'ai jamais vu comme ça. Kim prend soudain un air résigné. Elle non plus, je ne l'ai jamais vue comme ça.

– Les trois élèves de la Kauffmann qui ont été arrêtés affirment que tu as participé aux dégradations avec eux, explique-t-il. Je... j'espère qu'ils mentent, ajoute-t-il en plongeant ses yeux dans ceux de Kim.

Avant qu'elle ait le temps de répondre, Ed s'exclame :

– Quoi ! Bien sûr que oui, ils mentent ! Ils essaient sûrement de mettre Groove High en cause !

Un détail ne m'échappe pas. Ed a pris la main de Kim.

– D'ailleurs, c'est complètement idiot, poursuit Ed avec une fougue que je ne lui connaissais pas. Kim était avec nous toute la soirée. Et les filles m'ont même dit qu'elle avait passé la nuit dans leur chambre !

Ed me lance au passage un regard implorant. Et je repense à son envie de présenter l'examen avec Kim et son indulgence à son égard. Ed serait-il secrètement amoureux d'elle ? Du coup, je ne réfléchis pas. Je me tourne vers Jérémy :

– C'est vrai. Kim est restée avec nous toute la nuit, elle a dormi dans notre chambre.

Jérémy fait la moue et nous dévisage tous un par un. Je serre les dents. Que vont dire Vic et Léna ?

– Vous savez pourtant que c'est interdit, dit Jérémy sur un ton moyennement convaincu. Et puis, je ne savais pas que vous étiez amies...

– Hum, oui, commence Léna, mais...

– Mais Zoé et Kim doivent préparer ensemble leur examen et elles avaient des tas de choses à discuter, achève Vic.

– Et je suis sûr que tu comprends, renchérit Tom en prenant Jérémy par les sentiments.

Jérémy hausse les épaules.

– Alors, tant mieux ! Je suis bien content qu'aucun élève de Groove High ne soit impliqué. Dans ce cas, venez tous avec moi dans le bureau de mademoiselle Berrens. Vous servirez de témoins à Kim !

Je pousse un discret soupir de soulagement. Avons-nous eu raison ou tort ? Je ne sais pas. D'une certaine façon, la décision s'est imposée et ce n'est peut-être pas plus mal. Quoi qu'il en soit, tous les membres de la Groove Team ont montré un front uni ! C'est ça le plus important !

## Chapitre 9

# Final !

– Allons, allons, un peu de calme !

Nakamura passe dans les coulisses et essaie de rétablir un peu d'ordre. En vain. Nous sommes toutes beaucoup trop excitées et ça ne doit pas être bien différent du côté des garçons. D'ailleurs, en parlant de garçons, qui vois-je arriver ? Tom ! Il ne sait pas qu'il n'a rien à faire ici ?

– Zoé, il faut que je te parle.

– Tom ! Ce n'est pas le moment !

Bien sûr que non, ce n'est pas le moment ! Nous présentons l'examen dans… Je lève les yeux vers la grosse horloge accrochée dans les coulisses. Dans… une heure. Je suis complètement à cran. Et je ne suis pas la seule. Cet examen décidera de mon avenir. Je ne peux pas oublier que si j'échoue… je devrai quitter Groove High ! Tous les élèves de l'école sont réunis, les filles d'un côté, les garçons de l'autre dans les coulisses, pour s'échauffer, terminer les préparations de costumes, les maquillages... C'est nous, les première année, qui commençons avec la chorégraphie de groupe. J'ai le ventre complètement noué.

– Je sais que ce n'est pas le moment, insiste Tom, mais il faut absolument que je te parle.

Je lève les yeux au ciel.

– Je suis trop nul, lâche Tom tout à coup. Je ne vais jamais y arriver. Vic et moi avons modifié la chorégraphie et elle m'a donné une place beaucoup plus grande...

– C'est très bien ! Je suis contente qu'elle ait réfléchi et choisi de te donner ta chance !

Tom secoue la tête.

– Non, Zoé, tu ne comprends pas, ce n'est pas bien du tout ! Je ne suis pas à la hauteur ! Je ne vais jamais y arriver. Vic avait raison depuis le début ! Il faut que tu ailles la voir, que tu lui dises…

Soudain, une rage froide s'empare de moi en entendant les jérémiades de Tom. Je le prends par les épaules et je le secoue comme un prunier.

– Tom ! Ça suffit maintenant ! Tu m'énerves ! Arrête de te comporter comme un petit garçon ! Il est temps que tu grandisses et que tu te prennes un peu en main ! Vic a fait des efforts, à ton tour !

Tom me regarde, un peu éberlué. Il ouvre la bouche, sans doute pour protester, mais je le foudroie du regard ! C'est vrai quoi ! J'en ai assez de m'occuper des angoisses des autres ! Moi aussi, je passe l'examen de ma vie, aujourd'hui !

Du coup, Tom tourne les talons et part sans demander son reste.

Ce petit accès de colère m'a fait du bien. Je sais que ce n'est pas vraiment la méthode de relaxation que Khan nous conseille, mais c'est quand même assez efficace.

Il y a déjà eu tant de problèmes ces derniers jours ! Nous avons donc témoigné en faveur de Kim. Iris a semblé soulagée d'apprendre qu'aucun de ses élèves n'était impliqué. Bien sûr, les policiers se sont demandé comment les coupables étaient entrés dans l'école, mais ils ont vite estimé qu'ils avaient probablement laissé une fenêtre ouverte lors de leur visite, le matin. Depuis, Kim fait profil bas. Pendant deux jours, nous avons travaillé des heures durant en ne parlant que quand c'était absolument nécessaire. C'était très étrange et un peu éprouvant pour les nerfs, mais je crois que nous avons réussi quelque chose.

Ce matin, j'ai trouvé un petit mot plié en quatre sous mon bol au réfectoire. Il était de Luka. Je ne l'ai pas croisé une fois depuis deux jours. Normal, comme tout le monde, il travaillait comme un fou. Sur le mot, il avait écrit : *Quand tu seras sur scène cet après-midi, mon cœur t'accompagnera*. Quand je l'ai lu, j'ai senti des picotements partout, du bout de mes doigts de pied à la racine de mes cheveux. J'ai replié le mot et je l'ai rangé dans ma poche. Les autres membres de la Groove Team étaient trop occupés à penser à l'examen pour remarquer quoi que ce soit...

– Les première année en scène ! En scène pour la chorégraphie d'ensemble !

M^lle^ Nakamura passe dans les coulisses en nous appelant. Soudain, j'ai froid, j'ai chaud, je tremble...

– En scène, en scène ! répète M^lle^ Nakamura.

Je suis le mouvement et, avant même de m'en rendre compte, je me retrouve sous les lumières. Éblouie, j'aperçois Léna à côté de moi ; Tom un peu plus loin ; Vic est devant, entre Ed et Kim. La musique commence. Je ne pense plus à rien d'autre qu'à faire de mon mieux...

Six minutes plus tard, nous sommes sortis de scène. Les garçons sont repartis de leur côté, nous les filles du nôtre. Cette première partie de l'examen, la partie technique, celle qui me faisait si peur, est passée ! Et je ne me rappelle déjà plus comment c'était... La voix de M^lle^ Nakamura retentit à nouveau dans les coulisses.

– Allez vous changer et vous maquiller pour votre chorégraphie personnelle, vous avez cinq minutes !

Je cherche Kim des yeux. Où est-elle ? Je dois absolument la trouver. Nous devons accorder nos maquillages...

– Tom !

C'est Vic qui vient de crier à côté de moi. Je me tourne. Oui, c'est Tom. Mais que fait-il encore là ? Et Nakamura qui n'est pas loin…

– Mais qu'est-ce que tu as fait à tes cheveux ? s'exclame Vic.

Tom est devant elle, arborant un sourire jusqu'aux oreilles.

– Je viens juste de le faire et je voulais te montrer !

D'abord je ne comprends pas et… Mais oui ! Tom a coupé sa queue-de-cheval.

– Comment tu me trouves ? demande-t-il à Vic.

Vic se jette à son cou en s'écriant :

– J'adooore ! Mais pourquoi ?

– Je porte cette queue-de-cheval depuis que j'ai 4 ans et...

Il me jette un coup d'œil qui ne m'échappe pas.

– ... et je me suis dit qu'il était temps que je grandisse un peu ! C'est un premier pas !

Je lève les yeux au ciel. Vic se pend au cou de Tom et pose sa bouche sur celle de son petit ami.

– Je t'adore ! murmure-t-elle.

Ah ! Ces deux-là !

Mais en attendant, ça ne me dit pas où est Kim. Autour de moi, toutes les élèves sont en pleins préparatifs. Les tutus tombent par terre, les chaussons se lacent, les chevilles s'échauffent, les pinceaux de blush virevoltent... mais où est Kim ? Ah, la voilà ! Elle est déjà prête. Elle a une grande jupe voile sur laquelle nous avons cousu des fleurs multicolores et elle s'est fait une tresse parsemée de marguerites artificielles. Très baba cool ! Du coup, c'est moi qui suis en retard. Je me déshabille et me rhabille en quatrième vitesse. J'ai un pantalon collant évasé en bas orné de filaments de couleur, une chemise arc-en-ciel et une couronne des mêmes marguerites dans les cheveux. Il me reste à me maquiller les joues et les yeux. Je prends le rouge sur la tablette quand Kim pousse un cri :

– Luka !

Je me retourne. Plus besoin de blush pour colorer mes joues !

Il est sans doute venu encourager sa sœur... mais non, il la regarde à peine et se dirige vers moi. Sans un mot, il passe son bras autour de ma taille, je me sens trembler, il se penche vers moi, je sens sa bouche se poser sur la mienne...

C'est la voix tranchante de Nakamura qui me rappelle à l'ordre :

– Mesdemoiselles Myer et Vandenberg ! En scène !

Heureusement, elle est à l'autre bout des coulisses et ne peut pas voir Luka.

– Il faut que j'y aille, me souffle-t-il à l'oreille. Bonne chance, je sais que tu vas être merveilleuse.

Le temps que je jette un coup d'œil inquiet vers Kim, il a disparu. Aurais-je rêvé ?

Kim me toise, les lèvres pincées. Je sais qu'elle est très jalouse des filles qui s'approchent de son frère et j'ai bien peur qu'elle pique une crise de nerfs. Elle semble hésiter. Je serre les dents. Je sais qu'avec elle, on peut s'attendre à tout. Surtout à gâcher les meilleurs moments des autres. Après un instant qui me paraît interminable, elle finit par soupirer.

– On y va ? me demande-t-elle sans agressivité.

Je hoche la tête et je lui emboîte le pas. Étrangement, toute ma nervosité a disparu, je me sens légère comme une plume.

Est-ce que ce n'est pas parfait quand on s'apprête à danser ?

Cette fois, quand j'entre en scène, je prends le temps de regarder dans la salle. Les professeurs sont alignés au premier rang, leur grille d'évaluation à la main ; il y a Khan, M^lle^ Berrens, un professeur de l'académie Kauffmann que je ne connais pas et Philip Kauffmann, le grand chorégraphe en personne. Je sais que sous ses yeux, je vais donner le meilleur de moi-même. La poursuite nous éclaire, je prends la main de Kim, la musique démarre…

## Chapitre 10

# Épilogue

Jérémy et M^lle^ Nakamura scotchent les résultats des examens sur la porte du couloir de l'administration. Nous sommes tous – c'est-à-dire tous les élèves de Groove High – dans le hall et nous attendons avec anxiété qu'ils nous autorisent à approcher. Ed est près de Kim, ils se tiennent la main, Vic et Tom se disputent plus ou moins à voix basse, Léna est en grande discussion avec Zach. Luka me serre contre lui. Oui, je sais, c'est incroyable, mais moi, Zoé Myer, je sors avec le garçon le plus beau et sans doute le plus doué de l'école !

– Vous pouvez approcher, nous prévient Jérémy.

C'est la ruée. Chacun cherche son nom, il y a des cris, des pleurs, des exclamations angoissées...

– Zoé ! Zoé ! Tu es là ! Tu l'as eu ! s'écrie Vic.

– Tu as vu mon nom, c'est vrai ?

Je m'approche de Vic. Je la prends par les épaules :

– Et toi ? Vic, et toi ?

– Oui, moi aussi ! Et Tom ! Et Léna ! Et Ed ! On l'a tous eu ! La Groove Team passe en deuxième année !

Nous nous tombons tous dans les bras les uns des autres, nous mêlons nos larmes de joie et nos hurlements de triomphe. Du coin de l'œil, j'aperçois Luka et sa sœur qui se félicitent mutuellement. Un peu plus loin, Clarisse et Angie pleurent à chaudes larmes.

Alors que je m'extrais de la foule afin de respirer, j'entends une voix grave qui m'appelle :

– Mademoiselle Myer ?

Je me retourne... Philip Kauffmann, mon idole, est là, appuyé au chambranle de la porte. Rougissante d'émotion, je m'approche de lui :

– Monsieur ?

Il hausse un sourcil et me sourit :

– J'ai été très impressionné par la chorégraphie que vous avez présentée lors de l'examen. C'était très inventif ! J'aimerais vous proposer de travailler avec moi, comme stagiaire, cet été. Si vous êtes libre, bien entendu.

Quoi ? Comment ? Moi ?! Libre pour travailler avec le grand Philip Kauffmann ? Non, ce n'est pas vrai ! Il se moque de moi ! C'est une blague ! Ou alors c'est un rêve !

– Vous n'êtes pas obligée de me répondre de suite, reprend Philip Kauffmann. Vous pouvez...

– Oui ! Oui ! C'est oui ! je m'exclame immédiatement.

– Parfait ! me sourit-il. L'affaire est entendue. Je vous attends à l'académie Kauffmann, mercredi prochain à 14 heures. Soyez précise !

Et sur ce, il s'en va.

Je n'en reviens pas !

## LA VIE EST MAGNIFIQUE !

J'ai appelé mes parents pour leur apprendre la nouvelle, enfin les nouvelles : mon examen et mon stage auprès de Philip Kauffmann. Ils étaient fous de joie. Ma mère s'est mise à hurler et il a fallu que je la supplie de ne pas faire tout le trajet pour venir me rejoindre ici !

À présent, je suis à la cafèt' avec Luka. Il me tient les mains et me regarde dans les yeux. Je ne sais pas très bien quoi penser. Je lui ai annoncé la proposition de Philip Kauffmann et il a été super content pour moi. Dans la foulée, il m'a dit que lui aussi avait reçu une proposition très intéressante : il a été recruté dans le cadre d'un échange entre Groove High et un grand institut de capoeira... au Brésil. Il part pour un an.

Je reste sans voix.

Et malgré toutes les promesses de Luka, je ne peux m'empêcher de penser que s'il plaisait à toutes les filles ici, ça ne risque pas d'être très différent là-bas. Et il paraît que les Brésiliennes sont toutes super belles...

Je sens les larmes me monter aux yeux, mais il ne faut pas que je pleure... surtout pas !

– Ah, vous êtes là ! Enfin !

Comme par miracle, Ed, Tom, Vic, Léna et Zach sont apparus dans la cafèt'.

– On vous cherchait ! s'exclame Léna. On pensait faire une petite fête ce soir ! Dans le dortoir des garçons en cachette de Nakamura ! Vous êtes partants ?

Si on est partants !

Je regarde mes amis, la Groove Team ! Ils sont là avec moi ! Je sais que je peux compter sur eux ! Je sens la main de Luka se poser sur la mienne et je me dis qu'après tout, je ferais bien d'en profiter tant qu'il est encore là !

Je me lève et je lance :

– Alors qu'est-ce qu'on attend, on va la préparer, cette fête !

# GROOVE zine

Par la Groove Team

## vive les vacances !

La Groove Team au grand complet vous souhaite à tous d'excellentes vacances ! Cette année a été absolument extraordinaire, riche en événements et en rebondissements, en grandes joies et petits chagrins, en stress, en fêtes (officielles et moins officielles ;O)), en sorties, en spectacles, et tout et tout !

Cet été, reposez-vous, travaillez, bronzez, mais surtout revenez en forme à la rentrée : l'année prochaine sera encore plus fantastique que celle qui vient de s'écouler ! (Mais oui, c'est possible !) Nous accueillerons les nouveaux élèves, les première année bien sûr, mais aussi ceux en provenance des quatre coins du monde grâce aux échanges de Groove High avec le Brésil, la Russie, la Chine et l'Afrique !

Alors bonnes vacances à tous et à très bientôt !

Zoé Myer
1 re année

À l'année prochaine...

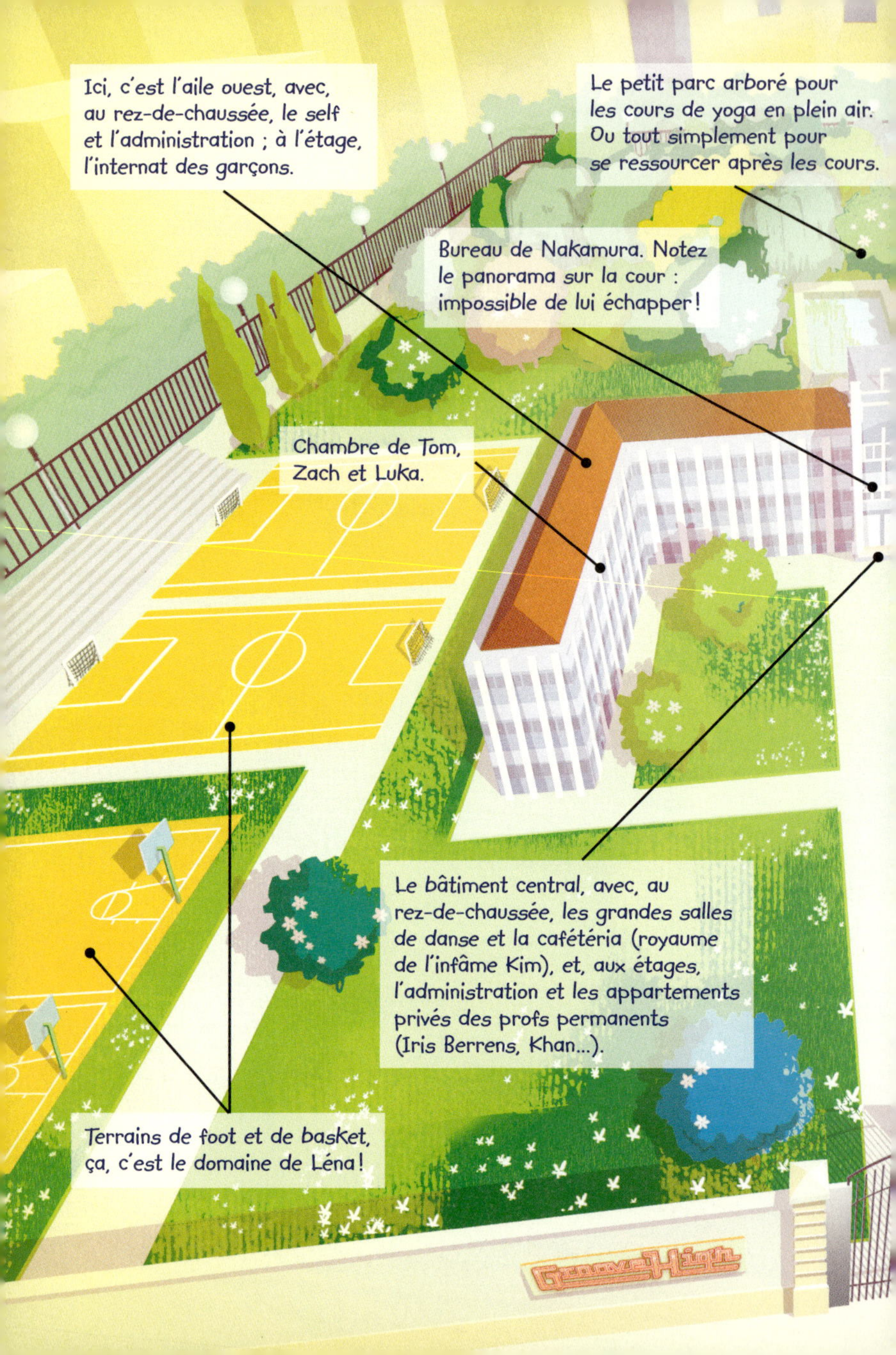
Ici, c'est l'aile ouest, avec, au rez-de-chaussée, le self et l'administration ; à l'étage, l'internat des garçons.
Le petit parc arboré pour les cours de yoga en plein air. Ou tout simplement pour se ressourcer après les cours.
Bureau de Nakamura. Notez le panorama sur la cour : impossible de lui échapper !
Chambre de Tom, Zach et Luka.
Le bâtiment central, avec, au rez-de-chaussée, les grandes salles de danse et la cafétéria (royaume de l'infâme Kim), et, aux étages, l'administration et les appartements privés des profs permanents (Iris Berrens, Khan...).
Terrains de foot et de basket, ça, c'est le domaine de Léna !
Groove High

Ici, c'est la piscine.
Ed habite dans cette direction, à 10 min en bus.
Bureau d'Iris Berrens.
Notre chambre.
L'aile est, avec, au rez-de-chaussée, la salle d'étude, la bibliothèque et les salles de cours généraux ; à l'étage, notre internat à nous, les filles.
Notre immense gymnase où ont lieu tous les entraînements de capoeira (du caaaalme, je vous vois venir, les filles, hihihi !).
Groove High
Petite visite du campus de Groove High

# La chambre de Kim, Clarisse et Angie

C'est le même modèle que la nôtre, mais bien sûr sa Majesté Kim a fait appel à l'architecte décorateur de la famille Vandenberg pour personnaliser la chambre façon « Lolita gothique »… Surtout, ne me demandez pas ce que j'en pense >…< !!!

Un autre vice de Kim : sa passion immodérée pour les chaussures. Des dizaines de paires qu'elle ne sait même plus où stocker ! Kim fashion victim, c'est peut-être son seul point commun avec Vic !

Clarisse et Angie sont fans de pop-rock, genre le groupe « Kyôto Hôtel » par exemple. Pour Léna, c'est le seul trait de bon goût.

Clarisse ne lit que des romans d'horreur.

Le coin d'Angie. Son secret ? Elle suce encore son pouce pour dormir !

Le télescope et les jumelles, indispensables pour surveiller ce qui se passe chez les autres ! Kim et ses deux sbires font revivre les grandes heures de l'espionnage – la guerre froide comme si vous y étiez.

Comme toujours, Luka est très « présent » dans l'univers de Kim. Dans son portefeuille, sa trousse, ses cahiers et... aux murs, aux murs ! À la limite, moi elle me fait presque peur ;-). Et bien sûr Clarisse et Angie n'ont pas leur mot à dire sur la décoration.

La salle de bain. Pas grand-chose à dire, sinon l'impressionnant étalage de produits de beauté ! Ah, si ! D'après les rumeurs, Kim dissimule sous les lavabos une mallette d'écoute... Mais on n'a jamais pu vérifier. Ça vous étonne si je vous dis qu'on se tient toujours le plus éloignés possible de l'antre du démon ?

Qui a dit que Kim n'avait pas de cœur ? Au contraire, depuis que son frère lui a offert pour ses 7 ans, Françoise, sa plante carnivore, elle l'élève avec beaucoup d'amour !
Au grand dam de Clarisse et Angie qui doivent chasser les mouches pour la nourrir.

Ne vous demandez plus d'où vient le talent de Clarisse pour les ragots ! C'est une grande consommatrice de magazines people... Clarisse est toujours au courant des derniers potins.

La fameuse poubelle où nous avions découvert la teinture verte. Comment, vous avez déjà oublié ce qu'elles ont fait à Yumiko ?

# Les auteurs

**Amélie Sarn :** Amélie a deux gros défauts : la gourmandise et la curiosité. Et pas seulement pour ce qui se mange, mais aussi pour ce qui s'écrit, pour les voyages, les jeux, pour ses enfants, ses amis... et pour tout ce qui fait rire ! Alors évidemment, ça lui fait plein de choses à nous raconter !

Et quand son éditeur lui demande d'écrire les histoires de Zoé et de la Groove Team, elle fonce ! Fan de Groove High, elle avoue que son personnage préféré est... Kim !

**Virgile Trouillot :** Les pieds sur terre et la tête à jamais dans les nuages, Virgile obtient son diplôme de « Gobelins, l'école de l'image » après une jeunesse sous perfusion constante de dessins animés, mangas et autres bandes dessinées.

Pour Planet Nemo, il coréalise la série animée *Bali* et se lance en parallèle dans la création de *Groove High*.

Virgile partage sa vie entre sa planche à dessin et l'élevage d'un zoo urbain dans son appartement, avec notamment un gros chat qui a la forme d'une crêpe, une armée de chinchillas ninjas qu'il a dressés lui-même, et de nombreux insectes que la science n'a même pas encore identifiés.

# Le site Internet

## Retrouve la Groove Team sur www.groove-high.com

Tu y trouveras :

- des news exclusives,
- des jeux et des tests,
- des super fonds d'écran,
- des BD délirantes,
- un blog pour partager ta passion,
- et plein d'autres surprises !

Inscris-toi au Club Groove High et découvre tous les secrets de l'école !

# Dans la série « Groove High » :




300, rue Léon-Joulin - 31101 Toulouse Cedex 9, France.
D'après un concept de Frédéric Puech et Virgile Trouillot
sur une idée de Jean de Loriol

Loi 49-956 du 16 juillet 1949 sur les publications destinées à la jeunesse.
Dépôt légal : 2e trimestre 2008
ISBN : 978-2-7459-2631-9
Imprimé en France par Pollina, 85400 Luçon - L46739b
www.editionsmilan.com